论语 译注

[春秋] 孔子 ◎ 著
王宏义 ◎ 注译

孔学堂书局

本书获贵州省孔学堂发展基金会资助

图书在版编目（CIP）数据

论语译注 /（春秋）孔子著；王宏义注译. —
贵阳:孔学堂书局, 2019.11（2023.5重印）
　ISBN 978-7-80770-148-4

Ⅰ.①论… Ⅱ.①孔… ②王… Ⅲ.①儒家②《论语》—译文
③《论语》—注释 Ⅳ.①B222.2

中国版本图书馆CIP数据核字（2019）第245277号

孔学堂国学馆

论语译注　〔春秋〕孔子　著　王宏义　注译
LUNYU YIZHU

责任编辑：张发贤
责任校对：邱文瑾　胡国浚

出　　品：	贵州日报当代融媒体集团
出版发行：	孔学堂书局
地　　址：	贵阳市乌当区大坡路26号
	贵阳市花溪区孔学堂中华文化国际研修园1号楼
印　　制：	唐山楠萍印务有限公司
开　　本：	710mm×1000mm　1/16
字　　数：	300千字
印　　张：	17
版　　次：	2019年11月第1版
印　　次：	2023年5月第2次印刷
书　　号：	ISBN 978-7-80770-148-4
定　　价：	22.00元

版权所有·翻印必究

前　言

　　《论语》主要记载孔子及其弟子的言行。全书共20篇，每篇若干章，内容涉及孔子及其弟子日常交流生活学习情况，包含言语、政事、礼义等。

　　孔子，子姓，孔氏，名丘，字仲尼，春秋时期鲁国人。他一生主张仁政，周游列国推行仁政，然而终生不得志。孔子开创了教育平民化的先河，为此后世尊称他为"大成至圣先师"孔老夫子。他打破以往只有王公贵族才有机会接受教育的局限，面向平民兴办教育。孔子一生桃李满天下，素有"弟子三千，贤者七十二"的说法。他的主要思想集中在《论语》一书中，即使到今天，孔子的思想依然光芒四射，《论语》走进教材，走向企业，孔子学院遍布全球各地。全世界75位诺贝尔奖获得者于1988年在巴黎聚会，讨论新世纪世界的前途，他们竟然得出了一致的结论，认为21世纪，人类如果要过和平幸福的生活，就应该回到2500年前中国的孔子那里去寻找智慧，可见孔子对中国、对世界的影响之大、之远。

　　在当今时代，随着生产力的不断发展，人类物质财富极大丰富，人民精神境界极大提高，阅读《论语》的价值与意义又何在呢？

　　个人修养：《论语》里有关"君子""小人"的论述多次出现，孔子立场鲜明地提出立身世间当以君子品格为出发点。君子具备仁爱之心，慎独自律、表里如一、德才兼备、求学进取、积极实践、完善自我，进而给人正面的影响。

人际交往：人从来不是独立的个体存在，社会性才是人之为人的特性。《论语》中有关孝悌、忠信、礼义、廉耻的论述，很好地给出了人与人相处的准则，理顺人际关系是社会和谐的基础。

哲学思维：看似简单的言谈中无不渗透着孔子哲学的思辨性，仁者爱人、中庸大道、权变之道、和而不同、过犹不及等哲学思维随处可见。

教育思想：孔子不仅创立了学校，还探索出了先进的教学思想，因材施教、学思并重、启发诱导、身教言传等，至今仍有借鉴学习的价值。

《论语》作为孔子思想的载体，想要读懂掌握，有一定的难度。难点在于单看字词都认识，连成一句却不懂其中深意，或者勉强理解了字面意思仍然感觉在门外。这是因为我们只看到字的表面意思，对背后的历史知之甚少，如当时的时代背景、文化掌故等。所以要想读懂论语，探索文字背后的知识才是重点，这就需要我们大量阅读相关的古文历史知识，联系当时的社会生活场景，从而拓宽视野，将孤立的知识，与大量的背景知识联系起来，达到融会贯通的效果。

为此我们在反复校正原文的基础上，增加了注释和译文，尤其对其中引用的典故做了详尽的介绍。本书在编辑出版过程中参考了大量已出版的权威图书及无数已发表过的论文，力求将《论语》之要义，尽量准确简单明快地表述清楚，让后世读者了解孔子学说及思想，从而运用在日常生活工作中。尽管我们做了大量工作，努力使图书完美，但由于水平有限，再加时间仓促，错漏之处在所难免，还请广大读者朋友批评指正。

目录

001　学而篇第一
009　为政篇第二
021　八佾篇第三
035　里仁篇第四
047　公冶长篇第五
061　雍也篇第六
076　述而篇第七
094　泰伯篇第八
105　子罕篇第九
120　乡党篇第十
134　先进篇第十一
149　颜渊篇第十二
162　子路篇第十三
177　宪问篇第十四
199　卫灵公篇第十五
218　季氏篇第十六
228　阳货篇第十七
243　微子篇第十八
251　子张篇第十九
263　尧曰篇第二十

学而篇第一

║ 第一章 ║

子曰:"学而时习之,不亦说乎①?有朋自远方来,不亦乐乎?人不知而不愠②,不亦君子乎③?"

❶说(yuè):"悦"的古字,高兴,喜悦,愉快。❷愠(yùn):生气,发怒。❸君子:原义是指有较高社会地位的人,统治阶层的人,即"有位者",引申为道德上有修养的人,即"有德者"。这里用的是引申义。

【译文】

孔子说:"学了知识能反复地温习它,不也是件愉快的事吗?有志同道合的人远道而来,不也是件快乐的事吗?别人不了解我,我并不怨恨,不也是个有修养的人吗?"

║ 第二章 ║

有子曰①:"其为人也孝弟②,而好犯上者,鲜矣;不好犯上,而好作乱者,未之有也。君子务本,本立而道生。孝弟也者,其为仁之本与③!"

❶有子:姓有,名若。孔子的弟子。❷孝弟:孝,儒家伦理重要德目之一,指子女对长辈的敬爱顺从。弟(tì),同"悌",指弟

弟尊重顺从兄长。❸仁：孔子提出的道德伦理的最高标准，也是孔子思想的核心概念，他把"仁"作为人的完全人格的代名词，有完全人格的人，他称为"仁人"。"惟仁亦为全德之名，故孔子常以之统摄诸德。"（参阅冯友兰《中国哲学史》）与：同"欤"，语气词。

【译文】

有子说："（如果）为人孝顺父母，尊重兄长，却喜欢冒犯长辈或上级，这种人是很少有的；不喜欢犯上，却喜欢作乱，这种人是不会有的。君子应致力于根本的工作，根本确立，正德自然产生。孝顺父母，敬重兄长，这些准则应是施行仁道的基础吧！"

第三章

子曰："巧言令色①，鲜矣仁！"

❶ 巧：虚浮不实的。令色：好的脸色。这里指假装和善。

【译文】

孔子说："花言巧语，面貌伪善的人是很少有仁德的。"

第四章

曾子曰①："吾日三省吾身：为人谋而不忠乎②？与朋友交而不信乎？传不习乎③？"

❶ 曾子：姓曾，名参（shēn），字子舆。孔子的弟子。❷ 忠：儒

家德目之一，对他人（特别是对君主）尽心竭力。❸ 传：老师的传授。

【译文】

曾子说："我每天多次反省自己：为别人出主意做事情是否尽心尽力呢？与朋友交往有没有做到以诚相待呢？老师传授的学业有没有复习呢？"

|| 第五章 ||

子曰："道千乘之国①，敬事而信，节用而爱人，使民以时。"

❶ 道（dǎo）：治理。千乘之国：古代四匹马拉一辆兵车称作"一乘"。周制天子地方千里，出兵车万乘；诸侯地方百里，出兵车千乘。"千乘之国"指代诸侯国。

【译文】

孔子说："治理一个具有千乘兵车的诸侯国，要严肃认真地处理政事，讲究信用，节省财政开支，爱护臣下，按照农业的忙闲决定何时役使人民。"

|| 第六章 ||

子曰："弟子①，入则孝，出则悌，谨而信，泛爱众，而亲仁。行有余力，则以学文②。"

❶弟子：年纪幼小的人。❷文：《诗》《书》等六艺之文。

【译文】

孔子说："年轻的人，在父母身边要孝顺父母，离开家要敬重兄长，言语谨慎守信，博爱众人，亲近有仁德的人。做到这些后还有余力，就用来学习文化技艺。"

‖ 第七章 ‖

子夏曰①："贤贤易色②；事父母，能竭其力；事君，能致其身；与朋友交，言而有信。虽曰未学，吾必谓之学矣。"

❶子夏：姓卜，名商，字子夏。孔子弟子。❷贤贤易色：看重德行，轻视表面态度。易：轻视。

【译文】

子夏说："尊重实际的道德，看轻表面的态度；侍奉父母，能竭尽全力；侍奉君主，能不惜献出生命；结交朋友，说话诚实守信用。这样的人虽然自谦说没有经过学习，我必定说他学习过了。"

‖ 第八章 ‖

子曰："君子不重，则不威，学则不固①。主忠信，无友不如己者②。过，则勿惮改。"

❶固：无知，鄙陋，顽固。❷无：不要。

【译文】

孔子说:"君子举止如果不庄重,就不会有威严;即使读书,所学的也不会牢固。要把忠诚和守信放在(待人处事的)主要地位上。不要与德行不如自己的人交朋友。犯了错误,要不怕改正。"

‖ 第九章 ‖

曾子曰:"慎终①,追远②,民德归厚矣。"

❶ 终:寿终,指父母去世。❷ 远:远祖,祖先。

【译文】

曾子说:"慎重地对待父母的死亡,虔诚地祭祀历代先祖,社会道德就会趋向淳朴厚道了。"

‖ 第十章 ‖

子禽问于子贡曰①:"夫子至于是邦也,必闻其政,求之与,抑与之与?"子贡曰:"夫子温、良、恭、俭、让以得之②。夫子之求之也,其诸异乎人之求之与?"

❶ 子禽:姓陈,名亢,字子禽。有人认为是孔子的弟子。子贡:姓端木,名赐,字子贡。孔子弟子。❷ 温、良、恭、俭、让:温顺、善良、恭敬、俭朴、谦让。这是孔子的弟子对他的赞誉。

【译文】

子禽问子贡道:"先生到了一个国家,总能听到这个国家的政事,是自己有心去打听的呢,还是人家主动告诉他的呢?"子贡说:"先生是靠为人温和、善良、恭敬、俭朴、谦逊(使人乐意主动向他讲述)而了解到情况的。先生这种取得别人信任而获知政事的方法,也许同别人不一样吧?"

‖第十一章‖

子曰:"父在,观其志;父没,观其行;三年无改于父之道①,可谓孝矣。"

❶ 道:此指父亲在世时所奉行的行为准则、道德规范等。

【译文】

孔子说:"(考察一个人是否孝)一个人,他的父亲在世时,看他的志向主张;其父去世后,要看他的行为。如果长时间遵照他父亲生前的做法,就称得上孝了。"

‖第十二章‖

有子曰:"礼之用,和为贵①。先王之道②,斯为美。小大由之。有所不行,知和而和,不以礼节之,亦不可行也。"

❶ 和:恰到好处,适中。❷ 先王:指周文王等贤王。

【译文】

有子说:"礼的施行以和谐为美。先王的治国之道,其妙处就在这里。小事大事都要依此而行。但若有行不通的时候,只知道一味求和谐,而不用礼来节制,那也是不行的。"

|| 第十三章 ||

有子曰:"信近于义①,言可复也②。恭近于礼,远耻辱也③。因不失其亲,亦可宗也。"

---

❶近:符合,接近。❷复:实践,实行。❸远:避免,免去。

【译文】

有子说:"诺言符合义的原则,才可以实践、兑现。对别人恭敬庄重符合礼的原则,才可以免遭耻辱。依靠亲近自己的人,也才有可能靠得住。"

|| 第十四章 ||

子曰:"君子食无求饱,居无求安,敏于事而慎于言,就有道而正焉①,可谓好学也已。"

---

❶就:到,趋向。

【译文】

孔子说:"君子吃饭不追求足饱,居住不追求安逸,做事敏捷,说话谨慎,主动向有道德的人学习并改正自己的缺点,这就可以称得上好学了。"

第十五章

子贡曰:"贫而无谄,富而无骄,何如?"子曰:"可也。未若贫而乐道,富而好礼者也。"

子贡曰:"《诗》云:'如切如磋,如琢如磨'。其斯之谓与?"子曰:"赐也,始可与言《诗》已矣,告诸往而知来者。"

【译文】

子贡说:"贫穷却不巴结奉承,富有却不骄纵,这样做人怎么样?"孔子说:"可以了。但还比不上贫穷却乐于求道,富有却崇尚礼节的人。"

子贡(若有所悟地)说:"《诗经》上说:'(君子的自我修养像匠人加工骨器、玉器那样)先锯开锉平,再雕琢磨光。'大概就是这个意思吧?"孔子说:"呀,现在可以同你谈论《诗经》了,告诉了你一个道理,你能类推悟出新的道理了。"

第十六章

子曰:"不患人之不己知①,患不知人也。"

❶ 患:担心,忧愁。

【译文】

孔子说:"不担心别人不了解自己,只忧虑自己不理解别人。"

为政篇第二

第一章

子曰:"为政以德,譬如北辰,居其所而众星共之①。"

❶共:同"拱",环绕。

【译文】

孔子说:"(国君)依靠品德教化统治国家,他就会像北极星一样,泰然处在自己的位置上,群星环绕在它周围。"

第二章

子曰:"《诗》三百①,一言以蔽之,曰:'思无邪②'。"

❶《诗》三百:《诗经》共三百零五篇,这里说"三百",是举其大数。❷思无邪:本是《诗经·鲁颂》中的一句,此处孔子引用之。

【译文】

孔子说:"《诗经》的三百篇诗,可以用一句话概括其特点,就是:'内容思想纯正。'"

第三章

子曰："道之以政①，齐之以刑②，民免而无耻③；道之以德，齐之以礼，有耻且格④。"

---

❶道：同"导"，治理，引导。❷齐：整治，约束，统一。❸免：避免，指避免犯错误。❹格：来，引申为归服。

【译文】

孔子说："靠政令来训导百姓，用刑法来规范，百姓只会尽量避免犯罪，但没有羞耻心；用道德来引导，用礼教来规范，百姓就会不但有羞耻心，并且会真心归服。"

第四章

子曰："吾十有五而志于学，三十而立，四十而不惑，五十而知天命①，六十而耳顺，七十而从心所欲，不逾矩。"

---

❶天命：指事物发展的根本规律。

【译文】

孔子说："我十五岁时立志做学问；三十岁时按照礼仪要求立足于世；四十岁时便不再有疑惑；五十岁时便懂得了天命；六十岁时能听进去各种不同意见；七十岁时随心所欲地行事，怎么做都不会超越规矩、法度。"

第五章

孟懿子问孝①。子曰:"无违。"

樊迟御②,子告之曰:"孟孙问孝于我,我对曰:'无违。'"樊迟曰:"何谓也?"子曰:"生,事之以礼;死,葬之以礼,祭之以礼。"

---

❶ 孟懿子:鲁国大夫,姓仲孙,名何忌,"懿"是谥号。❷ 樊迟:姓樊,名须,字子迟。孔子弟子。

【译文】

孟懿子问什么是孝。孔子说:"不要违背礼节。"

樊迟(给孔子)驾车,孔子告诉他说:"孟孙氏问我孝的问题,我回答他说,不要违背礼节。"樊迟问:"您说的是什么意思呢?"孔子说:"父母在世时,按照规定的礼节侍奉他们;父母去世后按照规定的礼节安葬他们,祭祀他们。"

第六章

孟武伯问孝①。子曰:"父母唯其疾之忧②。"

---

❶ 孟武伯:孟懿子的儿子,名彘(zhì),"武"是谥号,"伯"是排行。❷ 其:这一字,有歧解。有人认为"其"指"父母",有人认为指子女。本处采用"子女"说。

【译文】

孟武伯问怎样做到孝。孔子说:"对于父母,只让他们担心子女的疾病，其他不用担心就是孝。"

第七章

子游问孝①。子曰："今之孝者，是谓能养。至于犬马，皆能有养。不敬，何以别乎？"

❶ 子游：姓言，名偃，字子游。孔子弟子。

【译文】

子游问孔子什么是孝。孔子说："现在说的孝，只是说能做到供养父母。（然而）就是（家里的）狗和马，也能得到人的饲养。如果不敬重父母，那么赡养父母和养狗养马又有什么区别呢？"

第八章

子夏问孝。子曰："色难。有事，弟子服其劳；有酒食，先生馔①，曾是以为孝乎？"

❶ 馔（zhuàn）：饮食，吃喝。

【译文】

子夏问怎样算是孝。孔子说："奉养父母始终和颜悦色是件难事。遇到事情，仅仅替父母做；有酒食让父母享用，但是子女的脸色却很难看，就能算作孝吗？"

第九章

子曰:"吾与回言终日①,不违,如愚。退而省其私,亦足以发,回也不愚。"

---

❶ 回:即颜回,字子渊。孔子最赏识的弟子。

【译文】

孔子说:"我整天给颜回讲学,他从来不提与我不同的见解,好像很愚笨。过后,我考察他私下的言谈,却(发现他)能发挥我的观点,可见颜回并不愚笨。"

第十章

子曰:"视其所以①,观其所由②,察其所安③。人焉廋哉④?人焉廋哉?"

---

❶ 以:作为、行动。❷ 由:经由、经历。❸ 安:对某种环境、事物感到安适或习惯。❹ 廋:隐藏,藏匿。

【译文】

孔子说:"要了解一个人,注意他的所作所为,观察他以往的经历,考察他安于什么,不安于什么。(这样去认识的人)能隐藏到哪里去呢?能隐藏到哪里去呢?"

第十一章

子曰:"温故而知新①,可以为师矣。"

❶ 故:旧的,原先的。

【译文】

孔子说:"温习学过的知识,能从中悟出新的见解来,就可以做别人的老师了。"

第十二章

子曰:"君子不器①。"

❶ 器:器具,只有一种固定用途的东西。比喻人只具备一种知识,一种才能,一种技艺。

【译文】

孔子说:"君子不能像器具那样仅有一才一艺。"

第十三章

子贡问君子①。子曰:"先行其言而后从之。"

❶ 君子:古代有学问有道德有作为的人,人格高尚的人,或有官职、地位高的人都可称"君子"。

【译文】

子贡问怎样做一个君子。孔子说:"先实践要说的话,做了以后再说出来。"

第十四章

子曰:"君子周而不比,小人比而不周①。"

---

❶ 小人:与君子相对,本指社会地位低下的人,引申为道德水平低下的人。

【译文】

孔子说:"君子(靠忠信)团结人,不结党营私;小人互相勾结,不(靠忠信)团结人。"

第十五章

子曰:"学而不思则罔①,思而不学则殆②。"

---

❶ 罔(wǎng):同"惘"。迷惑;蒙蔽;无,没有。❷ 殆:不前,凝滞,有害。

【译文】

孔子说:"只学习而不思考,就会受蒙蔽而无收获;只思考而不学习,就会疑惑而无所得。"

第十六章

子曰:"攻乎异端①,斯害也已。"

❶ 攻:攻击,治。异端:事物两端之一,从任何一端看对方都是"异端"。这里指不正确的邪说。

【译文】

孔子说:"去批判那些不正确的邪说,祸害就可以消灭了。"

第十七章

子曰:"由①,诲女知之乎②!知之为知之,不知为不知,是知也。"

❶ 由:即仲由,字子路。孔子弟子。❷ 诲:教导。

【译文】

孔子说:"由呀,我来教给你什么是知吧!懂了就是懂了,不懂就是不懂,这才是真正的智慧呀。"

第十八章

子张学干禄①。子曰:"多闻阙疑,慎言其余,则寡尤;多见阙殆,慎行其余,则寡悔。言寡尤,行寡悔,禄在其中矣。"

---

❶ 子张：姓颛（zhuān）孙，名师，字子张。孔子弟子。

【译文】

子张向孔子请教求官职俸禄的方法。孔子说："多听听别人的意见，保留有疑问的地方，其余（有把握的）要谨慎地发表意见，这样就能少犯错误；多看看别人的行事，不稳妥的事不要做，其余（有把握的）事要小心地去做，这样就能减少后悔。说话少犯错误，做事少有后悔，谋求做官的秘诀就在其中了。"

第十九章

哀公问曰①："何为则民服？"孔子对曰："举直错诸枉②，则民服；举枉错诸直，则民不服。"

---

❶ 哀公：指鲁哀公，鲁国国君，姓姬，名蒋，"哀"是谥号。❷ 举：选拔，任用。直：正直。枉：邪曲不正，邪恶。

【译文】

哀公问道："怎样做才能使百姓服从？"孔子回答说："提拔举用正直的人，把他安置在邪恶之人的上面，百姓就会服从；提拔邪恶之人，使他居于正直之人的上面，百姓就不服。"

第二十章

季康子问①:"使民敬、忠以劝②,如之何?"子曰:"临之以庄,则敬;孝慈③,则忠;举善而教不能,则劝。"

❶季康子:鲁哀公时的大夫,姓季孙,名肥,"康"是谥号。❷以:连词,和。劝:勤勉。❸孝慈:孝敬父母,慈爱众人。

【译文】

季康子问道:"要使百姓(对上)恭敬、忠心,而且勤勉,该怎么做?"孔子说:"当政者对百姓庄重严肃,他们就会对上敬重;对待父母孝顺,百姓就会忠诚;任用品德高尚的人,教育能力差的人,百姓就会勤勉了。"

第二十一章

或谓孔子曰①:"子奚不为政②?"子曰:"《书》云③:'孝乎惟孝,友于兄弟,施于有政④。'是亦为政,奚其为为政⑤?"

❶或:代词。有人。❷奚:疑问词。何,怎么。❸《书》:指《尚书》。是商周时期的政治文告和历史资料的汇编。孔子在这里引用的三句,见于伪古文《尚书·君陈》篇。❹施:推广,延及,影响于。有:助词,无意义。❺奚其为为政:"奚",为什么。"其",代词,指做官。"为",是。"为政",参与政治。

【译文】

有人问孔子:"您为什么不去做官从政?"孔子说:"《尚书》上说:'孝敬父母,友爱兄弟,用这种风气影响当政者。'这也就是参与了政事,为什么只有做官才算从政呢?"

‖ 第二十二章 ‖

子曰:"人而无信,不知其可也。大车无輗①,小车无軏②,其何以行之哉?"

❶ **大车**:指牛车。輗(ní):古代车两旁有两根长木杠,称为辕,两辕的前端用一根横木联结起来,以便驾牲口。横木与辕是用木销联结起来的,大车用的木销叫輗,小车用的木销叫軏(yuè)。
❷ **小车**:指马车。

【译文】

孔子说:"一个人如果不讲信用,真不知他怎么为人处事呢!(就像)大车少了輗,小车少了軏,车子还怎么能走呢?"

‖ 第二十三章 ‖

子张问:"十世可知也①?"子曰:"殷因于夏礼②,所损益③,可知也;周因于殷礼,所损益,可知也。其或继周者,虽百世,可知也。"

❶世：古时称三十年为一世。这里指朝代。❷殷：就是商朝。商朝传至盘庚，从奄迁都于殷，遂称殷。商是国名，殷是国都之名。❸损益：减少或增加。

【译文】

子张问道："十代以后的礼制可以预知吗？"孔子说："殷代因袭夏代的礼制，有废除、增加的地方，是可以知道的；周代因袭商朝的礼制，有删除、增加的地方，也是可以知道的；假如将来有继承周代的朝代，即使过了一百年以后，（它的礼制）也是可以推知的。"

‖ 第二十四章 ‖

子曰："非其鬼而祭之①，谄也。见义不为，无勇也。"

❶鬼：人死后脱离肉体的灵魂，此处指已故祖先。

【译文】

孔子说："不是自己的祖先却去祭祀它，这是谄媚。见了正义的事却不去奋不顾身地做，这是怯懦。"

八佾篇第三

第一章

孔子谓季氏①,"八佾舞于庭②,是可忍也,孰不可忍也?"

---

❶ 季氏:指季平子,鲁国大夫。❷ 八佾(yì):古代舞蹈八人为一行,一行叫一佾;天子使用八行共六十四人的舞蹈,称为"八佾"。按规定,诸侯使用六行,大夫只能使用四行,即三十二人的舞蹈。季氏是大夫,却使用"八佾",这是僭礼的行为。

【译文】

孔子谈论到季氏,说:"季氏作为一个大夫却在自家庭院中按天子的规格使用六十四人的舞蹈队列,这种事如果可以容忍,那还有什么不可以容忍的事呢?"

第二章

三家者①,以《雍》彻②。子曰:"'相维辟公,天子穆穆',奚取于三家之堂?"

---

❶ 三家:指在鲁国当政的仲孙氏、叔孙氏、季孙氏三家。三家都是鲁桓公的后代,故又称"三桓"。❷《雍》:《诗经·周颂》中的一篇。彻:同"撤",撤除。

【译文】

仲孙、叔孙、季孙三家（在祭完祖先时，也跟天子祭祀一样）唱着《雍》诗撤去祭品。孔子（批评）说："'助祭的是四方的诸侯，主祭的是庄严肃穆的天子'，这诗怎么能在三家祭祖的庙堂上唱呢？"

第三章

子曰："人而不仁，如礼何？人而不仁，如乐何①？"

---

❶乐：音乐，古代的乐也包括舞蹈。孔子重视乐，认为好的乐有宣泄情感，协调人际关系的功效。

【译文】

孔子说："一个人如果没有仁爱之心，怎么来对待礼仪呢？一个人如果不仁，怎么来对待音乐呢？"

第四章

林放问礼之本①。子曰："大哉问！礼，与其奢也，宁俭；丧，与其易也②，宁戚③。"

---

❶林放：鲁国人。有人认为是孔子的弟子。本：根本，本质。❷易：周到、周全。❸戚：悲伤。

【译文】

林放问礼的本质是什么。孔子说："这个问题，意义重大啊！实践礼仪，与其奢侈，宁可俭朴；就丧礼来说，与其形式上周全，不如心情上真正悲哀。"

第五章

子曰："夷狄之有君①，不如诸夏之亡也②。"

❶夷狄：夷、狄是我国古代居住在中原的华夏族统治阶级分别对东方异族和北方异族的蔑称，这里泛指当时各方异族。❷亡：同"无"，没有。

【译文】

孔子说："边地蛮族有君王，也不如中土这个文明程度更高的地方没有君主。"

第六章

季氏旅于泰山①。子谓冉有曰②："女弗能救与③？"对曰："不能。"子曰："呜呼！曾谓泰山不如林放乎④？"

❶旅：祭山。❷冉有：姓冉，名求，字子有。孔子弟子，当时是季氏家臣。❸救：阻止。❹曾：竟。按周礼规定，天子才有资格祭天下的名山大川，诸侯只有资格祭祀在其封地境内的名山大川。季氏只是鲁国大夫，他去祭泰山是僭礼行为。孔子的这句反问，是说泰山的神灵是不会接受季氏非礼的祭祀的。

【译文】

　　季氏要去祭祀泰山。孔子对冉有说:"作为季氏的家臣,你不能劝阻他这种僭礼行为吗?"冉有回答说:"不能。"孔子说:"哎呀!难道能说泰山的神灵还不如林放(懂礼)竟会接受季氏越礼的祭祀吗?"

‖ 第七章 ‖

　　子曰:"君子无所争。必也射乎!揖让而升①,下而饮。其争也君子。"

---

　　❶ 揖:作揖,谦让。这是表示敬意。

【译文】

　　孔子说:"君子没有与人相争的事。如果有争的话,那就是比赛射箭吧!(比赛时)他们上堂要相互作揖谦让,射完下堂后还要相互敬酒。那样的竞赛活动,不失君子风范。"

‖ 第八章 ‖

　　子夏问曰:"'巧笑倩兮,美目盼兮,素以为绚兮。'何谓也?"子曰:"绘事后素。"

　　曰:"礼后乎①?"子曰:"起予者商也②!始可与言《诗》已矣。"

---

❶ 礼后：学礼要放在后边。放在什么后边，原文没有说；旧注多认为具有了忠信品质的人，才能谈得上学礼。❷ 商：子夏，姓卜，名商。

【译文】

子夏问道："（《诗经》上说）'漂亮的脸笑得美呀，美丽的眼睛，黑白多分明呀，洁白的脂粉更把她妆扮得楚楚动人啊。'这几句是什么意思呢？"孔子说："（像绘画一样）先有了白底子，然后才画上画。"

子夏（有所悟地）说："学礼要放在仁义后边是吗？"孔子说："给了我启发的是卜商啊！这就可以同你谈论《诗经》了。"

|| 第九章 ||

子曰："夏礼，吾能言之，杞不足征也①；殷礼，吾能言之，宋不足征也②。文献不足故也。足，则吾能征之矣③。"

❶ 杞（qǐ）：古国名，相传其君主是夏禹的后代，其地在今河南杞县。❷ 宋：古国名，相传其君主是商汤的后代，其地在今河南商丘一带。❸ 征：证明，做证。

【译文】

孔子说："夏代的礼制，我能说出来，（但它的后代）杞国，不足以做证；殷代的礼制，我也能讲出来，（但它的后代）宋国也不足以做证。这是因为（杞、宋两国现存的）资料和（熟悉历史的）贤人不够的缘故。否则，我就可以拿它们来做证的。"

第十章

子曰:"禘自既灌而往者①,吾不欲观之矣②。"

---

❶ 禘(dì):古代一种祭祀祖先的极其隆重的祭礼,只有天子才能举行。灌:第一次献酒。❷ 吾不欲观之矣:鲁国是周公旦的封地。周公旦死后,周成王追念他为建立周朝所做的重大贡献,特许他的后代用禘礼祭祀他,因此鲁国一直实行禘祭。但到了春秋时,鲁国的禘祭在先君排列次序上,有违反等级名分的做法,所以孔子不想看下去了。

【译文】

孔子说:"对于禘祭的礼仪,从第一次向受祭者献上香酒以后,(下面的仪式)我就不想往下看了。"

第十一章

或问禘之说。子曰:"不知也。知其说者之于天下也,其如示诸斯乎①!"指其掌。

---

❶ 示:同"置",摆,放置。

【译文】

有人请教孔子关于禘祭的道理。孔子说:"我不知道。知道这个道理的人治天下,大概就像把一件东西摆在这里一样容易吧!"孔子边说边指着自己的手掌。

第十二章

祭如在，祭神如神在①。子曰："吾不与祭②，如不祭。"

---

❶ 神：各种存在的精神主宰，包括天神、山川之神、土地之神以及人鬼（祖先神）。❷ 与（yù）：参与。

【译文】

祭祀祖先，仿佛祖先就在面前；祭祀神，好像神就在面前。孔子说："我如果不亲自参加祭祀（而叫别人代祭），那不如不祭。"

第十三章

王孙贾问曰①："与其媚于奥，宁媚于灶②。何谓也？"子曰："不然。获罪于天，无所祷也。"

---

❶ 王孙贾：卫国大夫。❷ 与其媚于奥，宁媚于灶：屋内西南角叫奥，烧火做饭的地方叫灶，古人认为这两处都有神，都要祭祀。奥神比灶神尊贵，但因为灶神直接管人吃饭的大事，所以就有了"与其讨好奥神，宁可讨好灶神"的说法，用来比喻与其讨好地位高的人，不如讨好地位低些但有实权的人。

【译文】

王孙贾问道："（俗话说）与其巴结奥神，不如讨好灶神，这是什么意思呢？"孔子说："不对，如果得罪了上天，就没有可祈祷的地方了。"

第十四章

子曰:"周监于二代①,郁郁乎文哉!吾从周。"

❶ 监(jiàn):同"鉴",借鉴。

【译文】

孔子说:"周代的礼仪制度借鉴了夏、商两代,(制定的礼乐制度)多么丰富多彩啊!我赞成周代(的礼乐制度)。"

第十五章

子入太庙①,每事问。或曰:"孰谓鄹人之子知礼乎②?入太庙,每事问。"子闻之,曰:"是礼也。"

❶ 太庙:祭祀开国君主(太祖)的庙,这里指鲁国开国君主周公旦的庙。❷ 鄹人之子:鄹(zōu),鲁国邑名。孔子父亲叔梁纥曾做过鄹邑大夫,此处"鄹人之子"即指称孔子,含有轻视之意。

【译文】

孔子进到太庙,每样事都要问问。有人便说:"谁说鄹大夫的儿子识礼呢?他入了太庙,事事要问。"孔子听了这话,说:"这就是礼啊。"

第十六章

子曰:"射不主皮①,为力不同科,古之道也。"

---

❶ 皮:兽皮做成的箭靶子。

【译文】

孔子说:"演习射艺,不是非要以穿透靶子为主,因为各人力气不同的缘故,这是自古以来的规矩。"

第十七章

子贡欲去告朔之饩羊①。子曰:"赐也!尔爱其羊,我爱其礼②。"

---

❶ 欲:想。去:去掉。告朔之饩(xì)羊:周天子于每年冬季将下年历书颁发于诸侯,诸侯将历书藏于祖庙,每月朔(初一)在祖庙杀羊祭祀,请出历书以示尊行,此礼称"告朔",所用之羊称"饩羊"。❷ 我爱其礼:鲁国自文公后即不行告朔之礼,只在每月朔日于祖庙杀一羊虚应故事。子贡认为鲁公既不行礼,杀羊是浪费;孔子认为礼虽不全,但毕竟还在,如果连羊也不杀,礼便完全没有了。

【译文】

子贡想把每月初一祭祀祖庙时所用的活羊省去不用。孔子说:"赐呀!你爱惜那只羊,我珍惜那种祭礼。"

第十八章

子曰："事君尽礼①，人以为谄也②。"

❶ 事：事奉，服务于。❷ 谄（chǎn）：谄媚，用卑贱的态度向人讨好，奉承。

【译文】

孔子说："完全按照礼节的规定侍奉君主，别人反认为他是在向君主谄媚讨好呢。"

第十九章

定公问①："君使臣，臣事君，如之何？"孔子对曰："君使臣以礼，臣事君以忠。"

❶ 定公：即鲁定公，鲁国国君。

【译文】

定公问道："国君役使臣子，臣子侍奉国君，应该怎样做？"孔子说："国君要按照礼的规定对待臣子，臣子要赤胆忠心地侍奉国君。"

第二十章

子曰："《关雎》①，乐而不淫②，哀而不伤。"

❶《关雎》:《诗经·国风》的第一篇。❷淫：过分而到了不恰当的地步。

【译文】

孔子说："《关雎》这首诗，欢乐而不放荡，愁思而不哀伤。"

‖ 第二十一章 ‖

哀公问社于宰我①。宰我对曰："夏后氏以松，殷人以柏，周人以栗，曰，使民战栗。"子闻之，曰："成事不说，遂事不谏，既往不咎。"

---

❶社：土地神。这里指社主，即代表社神的木牌位。宰我：名予，字子我。孔子弟子。

【译文】

哀公问宰我，应该用哪种木头做社主。宰我回答说："夏代用的是松木，殷代用的是柏木，周代用的是栗木——用意是要使百姓（害怕得）瑟瑟发抖。"孔子听到这番话后，（用批评的语气）说："已经做了的事不必再解释它了，已经做成了的事不必再规劝了，过去了的事就不要再责备了。"

‖ 第二十二章 ‖

子曰："管仲之器小哉①！"

或曰："管仲俭乎？"曰："管氏有三归②，官事不摄③，焉得俭？""然则管仲知礼乎？"曰："邦君树塞门，管氏亦树塞门。邦君为两君之好，有反坫④，管氏亦有反坫。管氏而知礼，孰不知礼？"

❶ 管仲：春秋初期政治家。名夷吾，字仲。曾担任齐国的卿，辅佐齐桓公成为春秋时第一个霸主。❷ 三归：三归指市租。❸ 摄：兼职。❹ 反坫：坫（diàn）为土筑设备，供祭祀或宴会时放礼器和酒具的土台子。反坫即反爵之坫，在两楹之间，诸侯若与邻国之君进行友好会见，献酬之礼过后将用过的爵（酒杯）放在坫上。诸侯以上才能享用。

【译文】

孔子说："管仲的器量太狭小啊！"

有人问："管仲生活节俭吗？"孔子说："管仲有大量的市租收入，他下属的官员都各司其职，从不兼职，哪能算得上俭朴？"（又问）"那么管仲懂礼吗？"孔子说："国君在宫殿门前立一堵照壁，管仲也在门口立一堵照壁；国君为了同别国国君友好交往，在宴会的堂上设置了放置酒杯的设备，管仲在家里也有这样的设备。管仲如果懂礼的话，还有谁不懂礼呢？"

第二十三章

子语鲁大师乐①，曰："乐其可知也：始作，翕如也②；从之③，纯如也，皦如也，绎如也，以成。"

❶语（yù）：告诉。**大师**：乐官之长。大（tài），同"太"。❷翕：盛。❸从：同"纵"，展开。

【译文】

孔子告诉鲁国乐官音乐演奏的道理，说："音乐演奏的过程是可以知道的：开始演奏时，（钟鼓齐鸣）乐音合奏；继而，音调纯正和谐，洪亮清晰，经久不息，由此完成演奏。"

|| 第二十四章 ||

仪封人请见①，曰："君子之至于斯也，吾未尝不得见也。"从者见之。出曰："二三子何患于丧乎？天下之无道也久矣，天将以夫子为木铎②。"

❶仪封人：仪，地名，在今河南兰考县境内。封，疆界。封人，管理疆界的官。❷木铎：木舌铜铃，古代官员摇木铎召集百姓来听政令训导。

【译文】

仪县的边防官员请求拜见孔子，说："（只要是）君子到了这个地方，我没有不得拜见的。"孔子的随行弟子让他见了孔子。见过出来后，（他对孔子的弟子）说："诸位为什么要为失去官位而忧虑呢？天下失去正道已经很长时间了，上天将要以你们的老师为木铎来澄清政治，教化百姓。"

第二十五章

子谓《韶》①,"尽美矣,又尽善也"。谓《武》②,"尽美矣,未尽善也。"

❶《韶》:舜帝时的乐曲名。❷《武》:周武王时的乐曲名。传说舜以禅让继承尧的帝位,而武王以征伐取代纣的帝位,故孔子认为前者的乐曲尽美尽善,而后者的乐曲尽美而未尽善。

【译文】

孔子评论《韶》乐,说:"美极了!内容也好极了!"评论《武》乐,说:"音乐美极了,但内容还不十分好。"

第二十六章

子曰:"居上不宽①,为礼不敬②,临丧不哀,吾何以观之哉?"

❶上:上位,高位。宽:待人宽厚,宽宏大量。❷敬:恭敬,郑重,慎重。

【译文】

孔子说:"身处高位却不能宽容大量,行礼时不恭敬严肃,居丧时不悲哀,这些我怎么看得下去呢!"

里仁篇第四

‖ 第一章 ‖

子曰："里仁为美①。择不处仁②，焉得知③？"

❶里：邻里。周制，五家为邻，五邻（二十五家）为里。这里用作动词，居住。❷处：居住，在一起相处。❸焉：怎么，哪里，哪能。知：同智。

【译文】

孔子说："人如果能居住在有仁德的地方才算好。选择不行仁道的地方居住，哪能算是聪明呢？"

‖ 第二章 ‖

子曰："不仁者不可以久处约①，不可以长处乐。仁者安仁，知者利仁。"

❶约：穷困。

【译文】

孔子说："不仁的人不能长期处在穷困之中，不能长久处于安乐之中。有仁德的人才能安心于实行仁德，有智慧的人才能善于利用仁德。"

第三章

子曰:"唯仁者能好人①,能恶人②。"

❶好(hào):喜爱,喜欢。❷恶(wù):厌恶,讨厌。

【译文】

孔子说:"只有仁人才能正确地去喜爱人,才能去讨厌人。"

第四章

子曰:"苟志于仁矣①,无恶也②。"

❶苟:假如,如果。志:立志。❷恶:坏,坏事。

【译文】

孔子说:"如果诚心立志于(培养、实践)仁德,就不会有恶行发生了。"

第五章

子曰:"富与贵,是人之所欲也;不以其道得之,不处也。贫与贱,是人之所恶也;不以其道得之①,不去也。君子去仁,恶乎成名?君子无终食之间违仁,造次必于是,颠沛必于是。"

❶得之：杨伯峻说，"'得之'应该改为'去之'"（《论语译注》中华书局）。可从。

【译文】

孔子说："财富与地位，这是人人都向往的；不用正当的方法得到它们，就宁可不享受。贫穷与低贱，这是人人都厌恶的；不用正当的方法摆脱它们，就宁可不摆脱。君子抛弃了仁，怎么能成就好名声？君子不会在哪怕吃一顿饭的时间违背仁，仓促的时候必定立足在仁上，生活颠沛困顿的时候也必定立足在仁上。"

第六章

子曰："我未见好仁者，恶不仁者。好仁者，无以尚之①；恶不仁者，其为仁矣，不使不仁者加乎其身。有能一日用其力于仁矣乎？我未见力不足者。盖有之矣②，我未之见也。"

❶尚：超过。❷盖：发语词。表示肯定的语气。

【译文】

孔子说："我不曾见过喜爱仁德的人，也不曾见过讨厌不仁的人。爱好仁德的人，那是再好不过的了；厌恶不仁的人，他行仁德，是不让不仁德的东西沾染到自己身上，对自己有不好的影响。有谁能在一天内将力气全用在实践仁德上的呢？我没有见过实行仁德而力气不够的人。大概有这种情况吧，只是我不曾见过。"

第七章

子曰:"人之过也,各于其党。观过,斯知仁矣①。"

❶仁:同"人"。

【译文】

孔子说:"人们犯的过错,总是和他同类的人所犯的错误是一样的。考察一个人所犯的错误,就能了解他属于哪类人。"

第八章

子曰:"朝闻道①,夕死可矣。"

❶闻:听到,知道,懂得。

【译文】

孔子说:"早晨明晓了真理,纵然当晚死去,也值得了。"

第九章

子曰:"士志于道①,而耻恶衣恶食者,未足与议也。"

❶士:读书人,一般的知识分子,小官吏。

【译文】

孔子说:"一个读书人如果有志于探求真理,却又因为穿得差吃得不好而羞耻,(这种人)是不值得同他谈论什么了。"

第十章

子曰:"君子之于天下也,无适也,无莫也①,义之与比②。"

---

❶ 无适也,无莫也:无可无不可,没有一成不变的。适:可以。莫:不可以。❷ 义之与比:与义靠近,向义靠拢,也就是"与义比之"。

【译文】

孔子说:"君子对于天下的事情,没有必须怎样做,也没有一定不能怎么做,要看它与'义'接近的程度,怎样适合情理就怎么去做。"

第十一章

子曰:"君子怀德,小人怀土;君子怀刑①,小人怀惠。"

---

❶ 刑:指法度,典范。

【译文】

孔子说:"君子关心的是道德,小人关心的是土地;君子关心的是法度,小人关心的是好处。"

第十二章

子曰:"放于利而行①,多怨。"

❶ **放**(fǎng):同"仿",仿照,仿效,依照。

【译文】

孔子说:"依据个人利害关系而行事,会招致很多怨恨。"

第十三章

子曰:"能以礼让为国乎①?何有?不能以礼让为国,如礼何?"

❶ **礼让**:按照周礼,注重礼仪与谦让。

【译文】

孔子说:"能够用礼让来治理国家吗?这有什么困难呢?不能依靠礼让治理国家,那又能怎样实行礼呢?"

第十四章

子曰:"不患无位,患所以立①。不患莫己知,求为可知也。"

❶ 立：站得住脚，有职位，在社会有立足之地。

【译文】

孔子说："不要担心没有职位，应该担心没有可以胜任的本领。不要担心没有人知道自己，要担心自己不具备让人知晓的本领。"

‖ 第十五章 ‖

子曰："参乎！吾道一以贯之。"曾子曰："唯。"

子出，门人问曰："何谓也？"曾子曰："夫子之道，忠恕而已矣①。"

---

❶ 忠恕而已矣：孔子提倡仁，要求推己及人，设身处地为他人着想，忠、恕都体现了这种精神。不过"忠"是从积极方面来说，要求为人着想，替人做事尽心尽力；"恕"是从消极方面来说，要求对别人能将心比心，宽厚体谅。孔子所说的"己欲立而立人，己欲达而达人""己所不欲，勿施于人"，可分别看作是对"忠""恕"的注脚。

【译文】

孔子说："曾参呀！我的思想可以用一个观点来贯穿。"曾子说："是的。"

孔子离开后，其他弟子问（曾子）："所说的观点是什么呀？"曾子说："我们老师的思想，（贯穿着）忠和恕罢了。"

第十六章

子曰："君子喻于义①，小人喻于利。"

---

❶ 喻：知道，明白，懂得。

【译文】

孔子说："君子明白的是道义，小人懂得的是私利。"

第十七章

子曰："见贤思齐焉①，见不贤而内自省也②。"

---

❶ 齐：平等，向……看齐。❷ 省：反省，内省，检查自己的思想行为。

【译文】

孔子说："见了贤人就想向他看齐，见了不贤的人，就应当反省自己（检查自己有无和他一样的错误）。"

第十八章

子曰："事父母几谏①。见志不从，又敬不违，劳而不怨。"

---

❶ 几：委婉，轻微。

【译文】

孔子说:"侍奉父母,(对他们的过错)要委婉地规劝。如果父母没有听从,也还要恭恭敬敬地侍奉,不可硬去冒犯他们,(即使心里为此)忧愁,但对父母仍不能怨恨。"

|| 第十九章 ||

子曰:"父母在,不远游①,游必有方②。"

---

❶ **游**:离家出游。如"游学""游宦"。❷ **游必有方**:指让父母知道所游的确定地方,而不要无固定地方随处漂泊,致使父母挂念担心。

【译文】

孔子说:"父母健在时,(子女)不要长时间离家远行,(如果不得已)要离家远行,必须要有一定的去向。"

|| 第二十章 ||

子曰:"三年无改于父之道,可谓孝矣①。"

---

❶ 这一章与《学而》篇第十一章中的一句相同,可能是因孔子弟子所记详略不同所致。

【译文】

孔子说:"如果三年内不改变他父亲生前的道德规范,就称得上孝了。"

第二十一章

子曰:"父母之年,不可不知也。一则以喜,一则以惧①。"

❶惧:父母年纪大了就必然日益衰老、接近死亡,故忧惧担心。

【译文】

孔子说:"父母的年纪,是不能不记得的,一方面(因他们健康长寿而)高兴,一方面(又为他们的日益衰老而)忧惧。"

第二十二章

子曰:"古者言之不出,耻躬之不逮也①。"

❶逮:赶上。

【译文】

孔子说:"古人不轻易开口说话,是因为耻于自己行动跟不上言语。"

第二十三章

子曰:"以约失之者鲜矣①!"

❶ 失：过失，犯错误。

【译文】

孔子说："因为约束自己而犯过失的人太少啦！"

|| 第二十四章 ||

子曰："君子欲讷于言而敏于行①。"

❶ 讷：本义是说话言语迟钝。这里指说话谨慎，留有分寸。

【译文】

孔子说："君子说话应该谨慎郑重，做事应该勤奋敏捷。"

|| 第二十五章 ||

子曰："德不孤，必有邻①。"

❶ 邻：邻人，邻居。这里指思想品格一致，志向相同，能共同合作的人。

【译文】

孔子说："有道德的人不会孤单的，必定会有人同他为伴。"

第二十六章

子游曰:"事君数①,斯辱矣;朋友数,斯疏矣。"

❶ 数(shuò):屡次。频频造访、请示。

【译文】

子游说:"侍奉君主,过于频繁就会遭到侮辱;与朋友交往,过于频繁就会被朋友疏远。"

公冶长篇第五

‖ 第一章 ‖

子谓公冶长①,"可妻也。虽在缧绁之中②,非其罪也"。以其子妻之。

---

❶ 公冶长:姓公冶,名长。孔子弟子。❷ 缧绁(léi xiè):捆绑罪人的绳索,借指牢狱。

【译文】

孔子谈论公冶长,(说)"可以把女儿嫁给他做妻子啊。虽然他在坐牢,但那并不是他的罪过。"便将自己女儿嫁给了他。

‖ 第二章 ‖

子谓南容①,"邦有道,不废;邦无道,免于刑戮"。以其兄之子妻之。

---

❶ 南容:姓南宫,名适(kuò),字子容。孔子弟子。

【译文】

孔子提到南容,(说)"国家政治清明,他不会被废弃不用;国家无道,政治黑暗,他能避免遭受刑罚。"(孔子)便把自己的侄女嫁给他做妻子了。

第三章

子谓子贱①,"君子哉若人!鲁无君子者,斯焉取斯?"

---

❶ 子贱:姓宓(fú),名不齐,字子贱。孔子弟子。

【译文】

孔子谈论子贱,(说)"子贱这个人真是个君子啊!(如果)鲁国没有君子的话,这个人从何处获得这样的好品德?"

第四章

子贡问曰:"赐也何如?"子曰:"女,器也。"曰:"何器也?"曰:"瑚琏也①。"

---

❶ 瑚琏:古代宗庙中盛黍稷用的容器,很尊贵。后来用它比喻有治国才能的人。

【译文】

子贡问道:"您对我有什么看法呢?"孔子说:"你像一件器物。"子贡问:"哪样器物?"孔子说:"就是宗庙里盛黍稷的瑚琏。"

第五章

或曰:"雍也仁而不佞①。"子曰:"焉用佞②?御人以口给,屡憎于人。不知其仁,焉用佞?"

❶雍：即冉雍，字仲弓。孔子弟子。❷佞（nìng）：能言善辩，口才好。

【译文】

有人说道："冉雍是个有仁德而不善辩的人。"孔子说："哪用得着善辩？巧嘴簧舌地对付别人，常常让人讨厌。我不知道他是否称得上有仁德，但哪用得着善辩？"

|| 第六章 ||

子使漆雕开仕①。对曰："吾斯之未能信。"子说②。

❶漆雕开：姓漆雕，名开，字子开。孔子弟子。❷说（yuè）：同"悦"。

【译文】

孔子让漆雕开去做官。（漆雕开）回答说："我对做官还没有自信。"孔子听了很高兴。

|| 第七章 ||

子曰："道不行，乘桴浮于海。从我者，其由与①！"子路闻之喜。子曰："由也，好勇过我，无所取材②。"

❶其：语气助词，表揣测。❷无所取材：这句有多种解释。清宦懋庸认为，孔子既嘉子路之勇于任事而又惜其才无取用之所（见

其所著《论语稽》)。译文从之。

【译文】

孔子说:"我的主张在这里行不通,就乘木排飘浮到海外去。能随从我去的,大概只有仲由吧!"子路听了这话很高兴。孔子又说:"仲由呀,你的勇敢精神超过了我,(可惜)没有谁来取用你的才干。"

|| 第八章 ||

孟武伯问子路仁乎?子曰:"不知也。"又问。子曰:"由也,千乘之国,可使治其赋也,不知其仁也。"

"求也何如?"子曰:"求也,千室之邑,百乘之家①,可使为之宰也,不知其仁也。"

"赤也何如②?"子曰:"赤也,束带立于朝,可使与宾客言也,不知其仁也。"

---

❶ 家:周天子或诸侯分封给卿大夫土地、人民,形成一个由卿大夫统治的政治经济实体,这叫作"家"。❷ 赤:即公西赤,字子华。孔子弟子。

【译文】

孟武伯问子路算得上有仁德吗。孔子说:"不知道。"孟武伯又问。孔子便说:"仲由呀,拥有一千辆兵车的国家,可以让他去执掌军事工作,我不知道他是否做到了仁。"

(孟武伯又问)"冉求这个人怎么样?"孔子说:"冉求嘛,千户人口的大邑,百辆兵车的大夫家,可以让他担任总管,至于他是否做到了仁,我就不清楚了。"

（孟武伯又问）"公西赤怎么样？"孔子说："公西赤嘛，可以让他穿着礼服立在朝廷上，接待来宾办理交涉，我也不知道他是否做到了仁。"

|| 第九章 ||

子谓子贡曰："女与回也孰愈①？"对曰："赐也何敢望回②？回也闻一以知十，赐也闻一以知二。"子曰："弗如也，吾与女弗如也③。"

---

❶愈：胜过，更好，更强。❷望：比。❸与：赞同，同意。

【译文】

孔子问子贡："你和颜回相比，谁强？"子贡答道："我呀，哪敢和颜回相比？他听了一分道理，能从中推出十分道理，我呢，听了一分道理，只能悟出二分道理。"孔子（慨叹）说："你的确是不如他啊，我和你都不如他。"

|| 第十章 ||

宰予昼寝。子曰："朽木不可雕也，粪土之墙不可杇也①，于予与何诛②？"子曰："始吾于人也，听其言而信其行；今吾于人也，听其言而观其行。于予与改是。"

---

❶杇（wū）：同"圬"，粉刷墙壁。❷与：同"欤"。在这里

表停顿。诛：责备。

【译文】

宰予大白天睡觉。孔子说："腐烂的木头不能用来雕刻，污秽的土墙不能加以粉刷，对宰予，还能用什么话来责备呢？"孔子又说："起初我看待一个人啊，听了他的话就相信他的行动；现在我对于一个人啊，听了他的话还要观察他的行动。我是因为经过宰予的事情而有这个变化的。"

|| 第十一章 ||

子曰："吾未见刚者。"或对曰："申枨①。"子曰："枨也欲，焉得刚？"

---

❶ 申枨（chéng）：姓申，名枨，字周。孔子弟子。

【译文】

孔子说："我不曾见过刚强不屈的人。"有人答话说："申枨（是这样的人）。"孔子说："申枨这个人呀，私欲太多，怎么会刚强不屈？"

|| 第十二章 ||

子贡曰："我不欲人之加诸我也①，吾亦欲无加诸人。"子曰："赐也，非尔所及也。"

---

❶ 诸："之于"的合音。

【译文】

子贡说:"我不愿意别人强加在我身上的事情,我也不想把它强加给别人。"孔子说:"赐呀,这不是你能做到的啊。"

‖第十三章‖

子贡曰:"夫子之文章,可得而闻也;夫子之言性与天道①,不可得而闻也。"

❶ 天道:先秦时期,"天道"通常指自然的变化及其规律,天道与人类社会吉凶祸福有密切的关系。

【译文】

子贡说:"老师传授的有关古代文献的学问,我们可以学到领会到;老师有关人性和天道的论述,我们就没办法学到领会到了。"

‖第十四章‖

子路有闻,未之能行,唯恐有闻①。

❶ 有:同"又"。

【译文】

子路听了一个道理,(如果)还没有能实行它,就担心又听到新的道理。

第十五章

子贡问曰:"孔文子何以谓之'文'也①?"子曰:"敏而好学,不耻下问,是以谓之'文'也。"

---

❶ 孔文子:卫国大夫孔圉(yǔ),"文"是谥号,"子"是尊称。

【译文】

子贡问:"孔文子这个人凭什么给他'文'的谥号?"孔子说:"他聪敏好学,能向学问、地位比自己低的人请教而不认为羞耻,因此用'文'作为他的谥号。"

第十六章

子谓子产①,"有君子之道四焉:其行己也恭,其事上也敬,其养民也惠,其使民也义。"

---

❶ 子产:名侨,字子产。春秋时郑国的贤相,著名的政治家。

【译文】

孔子评论子产,(说)"子产具有君子的四个方面特点:自己的言行举止庄重谦逊,侍奉君上恭敬谨慎,教养人民多给恩惠,使用民力合乎道义。"

第十七章

子曰:"晏平仲善与人交①,久而敬之。"

❶ 晏平仲：齐国有名的大夫，做过齐景公的宰相。姓晏，名婴，字仲，"平"是谥号。

【译文】

孔子说："晏平仲擅长同别人交往，结交越久，别人越尊敬他。"

|| 第十八章 ||

子曰："臧文仲居蔡①，山节藻棁②，何如其知也？"

❶ 臧文仲：鲁国大夫臧孙辰。"文"，谥号；"仲"，排行。蔡：大龟，以其产于蔡地而得名。古人用龟甲占卜，以大龟为国宝。
❷ 节：柱头的斗拱。棁（zhuō）：屋梁上的短柱。山节藻棁，是天子祖庙的装饰，臧文仲用来装饰龟的住处，是对神的谄媚。

【译文】

孔子说："臧文仲收藏一只大乌龟，（给它住的房子）斗拱上雕刻着山岳的形状，短柱上画着藻草的图案，这个人的识见怎样呢？"

|| 第十九章 ||

子张问曰："令尹子文三仕为令尹①，无喜色；三已之，无愠色。旧令尹之政，必以告新令尹。何如？"子曰："忠矣。"曰："仁矣乎？"曰："未知。焉得仁？"

"崔子弑齐君②，陈文子有马十乘③，弃而违之。至于他邦，则曰：'犹吾大夫崔子也。'违之。之一邦，则又曰：'犹吾大夫崔子也。'违之。何如？"子曰："清矣。"曰："仁矣乎？"曰："未知。焉得仁？"

---

❶ 令尹子文：楚国宰相，姓斗，字子文。令尹，官名，春秋、战国时楚国所设，为楚国的最高官职，掌军政大权。❷ 崔子：指崔杼（zhù），齐国大夫。❸ 陈文子：齐国大夫，名须无。崔杼杀了齐庄公后，他便离开齐国，两年后又回到齐国。

【译文】

子张问道："令尹子文多次做令尹，脸上不显得高兴；多次被免职，脸上不显出怨恨。（每次免职时）必定把自己原有的政事告诉给新的令尹。由此看来这个人怎么样？"孔子说："可算是忠了。"（子张）问道："能称得上仁吗？"（孔子）说："不知道。（就这一点来说）哪能称得上仁？"

（子张又问）"崔杼犯上，杀了齐君，陈文子便舍弃了自己所有的四十匹马，离开了齐国到了别国。他到了另一个国家，说：'（这里执政的人）就像我们齐国大夫崔杼。'于是离开这个国家。又到了另一个国家，他又说：'（这里执政的人）就像我们齐国大夫崔杼。'于是又离开。这个人怎么样？"孔子说："可算是清白了。"（子张）问："能称得上仁吗？"孔子说："不知道。（就这一点来说）哪能称得上仁呢？"

|| 第二十章 ||

季文子三思而后行①。子闻之，曰："再，斯可矣。"

---

❶ 季文子：鲁国大夫，姓季孙，名行父，"文"是谥号。

【译文】

季文子每做一件事都要反复考虑多次才行动。孔子听说后，说："考虑两次就行了。"

‖ 第二十一章 ‖

子曰："宁武子①，邦有道，则知；邦无道，则愚。其知可及也，其愚不可及也。"

❶ 宁武子：卫国大夫，姓宁，名俞，"武"是谥号。

【译文】

孔子说："宁武子这个人，在国家政治清明时就显出聪明，国家无道时就装出愚笨的样子。他的聪明别人可以达到，他假装愚笨就没有人比得上了。"

‖ 第二十二章 ‖

子在陈，曰："归与！归与！吾党之小子狂简①，斐然成章②，不知所以裁之③。"

❶ 吾党：我的故乡（鲁国）。古代五百家为一党。❷ 章：文采，文学，文章。❸ 裁：节制，控制，指导。

【译文】

孔子在陈国,说:"回去吧!回去吧!我的这些学生狂傲不羁,志向远大,学问已相当可观,文采扬扬,我不知道怎样约束他们。"

第二十三章

子曰:"伯夷、叔齐不念旧恶①,怨是用希②。"

❶伯夷、叔齐:商纣王时,孤竹国君的两个儿子。孤竹国君死后,他们互相让位,后两人都投奔到周。到周后,反对周武王起兵伐纣。武王灭商后,两人逃避到首阳山,不食周粟而死。❷希:同"稀",少。

【译文】

孔子说:"伯夷、叔齐不记以往的仇恨,因此怨恨他们的人就少。"

第二十四章

子曰:"孰谓微生高直①?或乞醯焉②,乞诸其邻而与之。"

❶微生高:鲁国人,姓微生,名高。孔子学生。他跟一个女子在桥下约会,那女的没来,大水却来了,他也不逃走,最后抱着桥柱被淹死了。❷醯(xī):醋。

【译文】

孔子说:"谁说微生高心地直爽呢?有人向他讨点儿醋,他(不直说自己没有,却暗地里)到邻居家讨点来给那人(以此获得那人的好感)。"

第二十五章

子曰:"巧言,令色,足恭,左丘明耻之①,丘亦耻之。匿怨而友其人,左丘明耻之,丘亦耻之。"

❶左丘明:鲁国的史官,有人认为就是《左传》的作者。

【译文】

孔子说:"花言巧语,和颜悦色,过分卑恭,这种人,左丘明认为可耻,我也认为可耻。心里怀着对人的怨恨,表面上却装作把他当作朋友,这种人,左丘明认为可耻,我也认为可耻。"

第二十六章

颜渊、季路侍①。子曰:"盍各言尔志②?"子路曰:"愿车马衣裘与朋友共,敝之而无憾。"颜渊曰:"愿无伐善③,无施劳④。"

子路曰:"愿闻子之志。"子曰:"老者安之,朋友信之,少者怀之。"

❶季路:即子路。因侍于季氏,又称季路。❷盍:何不。❸伐:夸耀,自夸。❹施:表白。

【译文】

颜渊、季路侍立在孔子身边。孔子说:"你们为什么不谈谈自己的志向呢?"子路说:"我愿拿出自己的车马皮袍和朋友们共同享用,用坏了也没什么遗憾。"颜渊说:"我不夸耀自己的长处,不表白自已的功劳。"

子路说:"希望能听听老师的志向。"孔子说:"(我的志向是)使老年人能够安乐,使朋友们信任我,使年轻人怀念我。"

|| 第二十七章 ||

子曰:"已矣乎①!吾未见能见其过而内自讼者也②。"

---

❶ 已:罢了,算了。后面的"矣""乎",都是表示绝望的感叹助词。❷ 讼:责备,争辩是非。

【译文】

孔子说:"行了吧!我没有见过能发现自己的过错就在内心自我责备的人啊。"

|| 第二十八章 ||

子曰:"十室之邑①,必有忠信如丘者焉,不如丘之好学也。"

---

❶ 十室之邑:极言其小。

【译文】

孔子说:"在十户人家居住的小地方,也必定会有像我一样忠心诚信的人,只是不如我好学罢了。"

雍也篇第六

第一章

子曰:"雍也可使南面①。"

❶ 南面:就是脸朝南。古代以坐北朝南为尊位、正位。从君王、诸侯、将、相到地方军政长官,坐堂听政,都是面南而坐。

【译文】

孔子说:"冉雍啊,他可以做一方的长官。"

第二章

仲弓问子桑伯子①。子曰:"可也,简。"仲弓曰:"居敬而行简②,以临其民,不亦可乎?居简而行简,无乃大简乎?"子曰:"雍之言然。"

❶ 仲弓:冉雍,字仲弓。子桑伯子:人名,身世不详。❷ 敬:独处时严肃而恭敬。

【译文】

仲弓问孔子桑伯子怎样。孔子说:"(为人可以,他办事)简要不烦琐。"仲弓说:"以严肃认真而办事求简的态度来治理百姓,不也可以吗?但是立足于简易省事而办事求简,岂不是太简单了吗?"孔子说:"你说得很对。"

第三章

哀公问:"弟子孰为好学?"孔子对曰:"有颜回者好学,不迁怒①,不贰过②。不幸短命死矣。今也则亡③,未闻好学者也。"

❶迁怒:指自己不如意时,对别人发火生气;或受了甲的气,却转移目标,拿乙去出气。❷贰:二,再一次,重复。❸亡:同"无"。

【译文】

鲁哀公问(孔子)道:"在你弟子中,谁最好学?"孔子答道:"有个叫颜回的最好学。他不把怒气发泄在别人身上,不犯同样的错误。不幸的是短命死了。现在没有这样的人了,没听说有好学的人了。"

第四章

子华使于齐①,冉子为其母请粟。子曰:"与之釜②。"请益。曰:"与之庾。"冉子与之粟五秉。子曰:"赤之适齐也,乘肥马,衣轻裘。吾闻之也,君子周急不继富。"

❶子华:即公西华,姓公西,名赤,字子华。孔子弟子。❷釜:与下文的庾、秉,皆古代量器名。一釜,合当时的六斗四升(仅够一人一月食用);一庾,合当时的二斗四升;一秉,合当时的十六斛(一斛为十斗)。

【译文】

子华出使到齐国去了，冉有替子华的母亲向孔子请求补贴点小米。孔子说："给她六斗四升。"冉有请求多给一些，孔子说："再给她二斗四升。"冉有给了她八十石小米。孔子说："公西赤出使到齐国，乘坐肥壮的马驾的车子，穿着轻暖的皮袍。我听说过这么一句话：君子救济困窘急迫的人，而不应该给富裕的人增加财富。"

|| 第五章 ||

原思为之宰①，与之粟九百，辞。子曰："毋！以与尔邻里乡党乎②！"

---

❶ 原思：人名，姓原，名宪，字子思。孔子弟子。宰：官名，殷代始置，掌管家务和家奴。春秋时沿用，卿大夫总管家务的家臣，卿大夫所属私邑的长官，也都称"宰"。❷ 邻里乡党：都是古代居民组织的名称，五家为邻，二十五家为里，一万二千五百家为乡，五百家为党。

【译文】

原思在孔子家管家，孔子给他九百（斗或斛）小米，原思推辞不肯接受。孔子说："不要推辞了，拿去分给你的邻里同乡吧！"

|| 第六章 ||

子谓仲弓，曰："犁牛之子骍且角①，虽欲勿用，山川其

舍诸②？"

❶ 骍（xīng）：本义是赤色马，这里只指赤色。❷ 本章旨意，有两种理解。一说仲弓的父亲地位低贱，而其本人却是"可使南面"的人才；此章以耕牛为喻，耕牛虽不可作为牺牲用来祭祀，但其子若够条件用作祭祀，山川之神还是会接受的。用以说明：像仲弓这样的人才，不能因其父亲低贱而舍弃不用。一说仲弓有治民的才干，曾任季氏的总管，但他对于选贤举才标准太严，故孔子以此晓喻之。两说实有相通之处，即选用人才，一要就实论事，二要坚持标准。今从前说。

【译文】

孔子讲到仲弓，说："耕牛所生的一头牛犊，毛色通红，两角端正饱满，虽想不用它作祭祀，难道山川之神会舍弃（享用）它吗？"

|| 第七章 ||

子曰："回也，其心三月不违仁①，其余则日月至焉而已矣②。"

❶ 三月：不是具体指三个月，而是泛指较长的时间。❷ 日月：一天，一月。泛指较短的时间，偶尔。

【译文】

孔子说："颜回呀，他的思想长时间不离开仁，其余的人（心里想着仁的时间）不过一天或个把月那么短暂罢了。"

第八章

季康子问①:"仲由可使从政也与?"子曰:"由也果,于从政乎何有?"

曰:"赐也可使从政也与②?"曰:"赐也达③,于从政乎何有?"

曰:"求也可使从政也与?"曰:"求也艺,于从政乎何有④?"

---

❶季康子:鲁国贵族,曾做鲁国正卿。❷赐:即端木赐,姓端木,名赐,字子贡。孔子弟子。❸达:通事理。❹有:困难。

【译文】

季康子问孔子说:"可以让仲由从政吗?"孔子说:"仲由呀,办事果断,从政有什么困难呢?"

又问:"能让端木赐从政吗?"孔子说:"端木赐呀,他能通达人情事理,从政有什么困难呢?"

又问:"能让冉求从政吗?"孔子说:"冉求呀,他多才多艺,从政有什么困难呢?"

第九章

季氏使闵子骞为费宰①。闵子骞曰:"善为我辞焉!如有复我者,则吾必在汶上矣②。"

---

❶闵子骞:孔子弟子,姓闵,名损,字子骞。相传是有名的孝子,

受到孔子的赞赏。费（bì）：邑名，故城在今山东省费县西北。❷汶（wèn）：河流名，即今山东大汶河，当时流经齐、鲁两国的交界处。

【译文】

季氏派人召闵子骞，要让他担任他封地费邑的长官。闵子骞（对来人）说："好好地婉言谢绝吧！如果再来找我，那我就一定要躲到汶水北边（的齐国）去了。"

第十章

伯牛有疾①，子问之，自牖执其手②，曰："亡之，命矣夫！斯人也而有斯疾也！斯人也而有斯疾也！"

❶伯牛：孔子弟子，姓冉，名耕，字伯牛。❷牖（yǒu）：窗户。

【译文】

伯牛得了重病，孔子去看望他，从窗口伸进手去，握着伯牛的手（痛惜地）说："不行了，命里注定的吧！这样的人竟得了这样的病！这样的人竟会得这样的病！"

第十一章

子曰："贤哉，回也！一箪食①，一瓢饮，在陋巷，人不堪其忧，回也不改其乐。贤哉，回也！"

❶箪（dān）：盛饭的圆形竹器。

【译文】

孔子说：" 多么贤德啊，颜回！一竹筒饭，一瓢水，住在破旧狭小的巷子里，别人忍受不了那（清苦带来的）忧愁，而颜回却不改变他（修学求道）的乐处。多么贤德啊，颜回！"

|| 第十二章 ||

冉求曰："非不说子之道①，力不足也。"子曰："力不足者，中道而废，今女画。"

---

❶ 说：同"悦"，喜欢，爱慕。

【译文】

冉求（对孔子）说："我不是不喜欢您的学说，只是我能力不够。"孔子说："如果能力不够，至少走到中途走不动了才停下来，而现在你是自己划定了一个界限，原地不动。"

|| 第十三章 ||

子谓子夏曰："女为君子儒①，无为小人儒！"

---

❶ 儒：读书的人，儒生、学者。

【译文】

孔子对子夏说："你要做一个有道德修养的君子式的学者，不要做缺少道德修养的小人式的学者。"

第十四章

子游为武城宰①。子曰:"女得人焉耳乎②?"曰:"有澹台灭明者③,行不由径,非公事,未尝至于偃之室也。"

❶ 武城:鲁国的一个小城邑,位于今山东费县境内。❷ 人:人才。❸ 澹(tán)台灭明:武城人,姓澹台,名灭明,字子羽。后来成为孔子弟子。

【译文】

子游做武城的长官。孔子问他:"(在这里)你发现了人才没有?"(子游)说:"有个叫澹台灭明的人,(他处事行正道)走路不走偏斜小路,不为公事从来不曾到过我屋里。"

第十五章

子曰:"孟之反不伐①,奔而殿②,将入门,策其马,曰:'非敢后也,马不进也。'"

❶ 孟之反:鲁国大夫,名侧,字之反。❷ 奔而殿:奔,逃跑;殿,殿后。鲁哀公十一年(公元前484年),鲁国与齐国打仗,鲁国右翼军败退时,孟之反在最后掩护。

【译文】

孔子说:"孟之反不喜欢自我夸耀,军队败退时,他殿后掩护,将入城门时,(故意)鞭打着马,说:'不是我敢于殿后,是马不肯往前跑。'"

第十六章

子曰:"不有祝鮀之佞①,而有宋朝之美②,难乎免于今之世矣。"

❶ 祝鮀(tuó):卫国人,字子鱼,以口才著称。佞:有口才。
❷ 宋朝:宋国的公子朝,以美貌著称。

【译文】

孔子说:"要是没有祝鮀那样善辩的口才,仅有宋朝那样的美貌,恐怕在当今社会里是难以免祸的。"

第十七章

子曰:"谁能出不由户①?何莫由斯道也②?"

❶ 户:门。❷ 斯道:这条路。指孔子所主张的仁义之道。

【译文】

孔子说:"谁能走出房屋而不从门走?为什么没有人从这条(仁义)大道走呢?"

第十八章

子曰:"质胜文则野①,文胜质则史②。文质彬彬③,然后君子。"

❶ 质：质朴的内容，内在的思想感情。孔子认为，仁义是质。文：文采，华丽的装饰，外在的礼仪。孔子认为，礼乐是文。❷ 史：本义是宗庙里掌礼仪的祝官，官府里掌文书的史官。这里指像"史"那样，言词华丽，虚浮铺陈，心里并无诚意。含有浮夸虚伪的贬义。❸ 彬彬：文质兼备相称；文与质互相融合，配合恰当。

【译文】

孔子说："质朴胜过了文采，便像个（不开化的）乡下人显得粗俗野蛮；文采排挤了质朴，便像个言辞浮夸的史官。文采和质朴配合恰当，才像个君子。"

‖ 第十九章 ‖

子曰："人之生也直，罔之生也幸而免①。"

❶ 罔：欺骗，不直。此指不正直的人。

【译文】

孔子说："一个人因为正直而在世上能够生存，不正直的人也活着，不过是侥幸躲避了灾祸。"

‖ 第二十章 ‖

子曰："知之者不如好之者①，好之者不如乐之者。"

❶ 好：喜爱。

【译文】

孔子说:"(对于学问、道德)懂得它的人比不上爱好它的人,爱好它的人不如以研究它为乐的人。"

‖第二十一章‖

子曰:"中人以上,可以语上也①;中人以下,不可以语上也。"

---

❶语:告,讲,说。

【译文】

孔子说:"中等以上才智的人,可以对他讲高深的道理;中等以下才智的人,不可以对他讲高深的道理。"

‖第二十二章‖

樊迟问知。子曰:"务民之义①,敬鬼神而远之,可谓知矣。"问仁。曰:"仁者先难而后获,可谓仁矣。"

---

❶务民之义:致力于与人事相适宜的事。务,致力,从事;义,合宜,适宜。译文意译。

【译文】

樊迟问怎样才叫聪明。孔子说:"致力于对人有益被老百姓称道的事,敬重鬼神却远离它,可以算聪明了。"樊迟又问怎样才叫有仁德。孔子说:"仁人先经历困难坎坷,后获取成果,可以算是有仁德的人了。"

第二十三章

子曰:"知者乐水①,仁者乐山②。知者动,仁者静。知者乐,仁者寿。"

---

❶ 知者乐水:水流动而不板滞,随岸赋形,与智者相似,故曰。
❷ 仁者乐山:山形巍然,屹立而不动摇,与仁者相似,故曰。

【译文】

孔子说:"智者喜欢水,仁者喜爱山。智者活跃,仁者沉静。智者心情愉快舒畅,仁者健康长寿。"

第二十四章

子曰:"齐一变,至于鲁;鲁一变,至于道①。"

---

❶ 道:这里指儒家所推崇的古代先王的治国之道。

【译文】

孔子说:"齐国(的政治)变革一下,就能达到鲁国的水平;鲁国(的政治)一变革,就进而符合先王施行的仁义之道了。"

第二十五章

子曰:"觚不觚①,觚哉?觚哉?"

---

❶ 觚(gū):一种酒器,四方有棱,一面有供手拿的"耳",容积二升。大约孔子见到的觚已不合觚的形制了,故发此慨叹,以批评名实相违的现象。**不觚**:不像觚,觚作动词。

【译文】

孔子说:"觚不像觚了,这怎么是觚呀?这能叫觚吗?"

第二十六章

宰我问曰:"仁者,虽告之曰:'井有仁焉①。'其从之也?"子曰:"何为其然也?君子可逝也②,不可陷也;可欺也,不可罔也③。"

---

❶ 井有仁:井里掉进一个人。❷ 逝:往,去。❸ 罔:诬罔,被无理陷害,愚弄。

【译文】

宰我问道:"有仁德的人,要是告诉他说:'井里掉进了人了。'他会跟着下井吗?"孔子说:"为什么要这样呢?君子可以前去并想办法(救他),却不可以跳入井;君子可以被人欺骗,却不能受人愚弄。"

第二十七章

子曰:"君子博学于文,约之以礼,亦可以弗畔矣夫①!"

---

❶畔:同"叛",违背。

【译文】

孔子说:"君子广泛学习文化知识,用礼约束自己,也就可以做到不背离君子之道了。"

第二十八章

子见南子①,子路不说。夫子矢之曰②:"予所否者,天厌之!天厌之!"

---

❶南子:卫灵公的妻子,有淫乱行为,名声不好,但在卫国势力很大,左右着卫国的政治。❷矢:同"誓",发誓。

【译文】

孔子去见南子,子路不高兴。孔子对天发誓说:"我的行为要是不合礼,让上天厌弃我!让上天厌弃我!"

第二十九章

子曰:"中庸之为德也①,甚至矣乎!民鲜久矣。"

❶ 中庸:"中"即中正、中和;"庸"即平常。"中庸"即"用中为常道也"。其主要特点是反对过与不及和保持对立面的和谐,是孔子学说的最高道德标准。

【译文】

孔子说:"中庸作为道德,算是最高层次的了!但是人们缺少中庸这种道德,已经很久了。"

|| 第三十章 ||

子贡曰:"如有博施于民而能济众,何如?可谓仁乎?"子曰:"何事于仁,必也圣乎!尧舜其犹病诸①!夫仁者,己欲立而立人,己欲达而达人。能近取譬②,可谓仁之方也已。"

❶ 尧舜:传说中的古代部落联盟的首领,儒家把他们看作理想的圣王。❷ 近取譬:以自己打比方,即推己及人之意。

【译文】

子贡说:"假使有人能广泛地施给人民好处,周济大家,这个人怎么样?能称得上仁人了吗?"孔子说:"何止是仁,必定是圣人了!尧、舜还担心做不到这样呢!所谓仁,就是自己想要站立得住,也要使别人站立得住;自己想要前途通达,也要使别人前途通达。能由自己推及到别人身上,可以说这就是实行仁德的方法了。"

述而篇第七

‖第一章‖

子曰："述而不作，信而好古，窃比于我老彭①。"

❶老彭：人名。有人认为是商代的贤大夫，有的认为指老子和彭祖两人，有人说是殷商时代的彭祖，还有人说是孔子同时代的一个人。众说纷纭，终无定论。

【译文】

孔子说："传授、阐述（古代文化）而不创新，相信、热爱古代文化，我私下把自己和老彭相比。"

‖第二章‖

子曰："默而识之①，学而不厌，诲人不倦，何有于我哉？"

❶识（zhì）：记住。

【译文】

孔子说："把所学的知识默默地记住，勤奋学习永不满足，教导别人不知疲倦，（这些）对于我来说，做到了哪些呢？"

第三章

子曰:"德之不修,学之不讲,闻义不能徙①,不善不能改,是吾忧也。"

❶徙(xǐ):迁移。这里有"照着……做"的意思。

【译文】

孔子说:"品德不加以修养,学问不勤于研究,听了符合道义的事不能照着去做,有了错误不能改正,这些都是我忧虑的。"

第四章

子之燕居①,申申如也②,夭夭如也③。

❶燕:同"宴",安逸,闲适。❷申申:整饬的样子。❸夭夭:舒畅的样子。

【译文】

孔子在家闲居时,衣冠整洁舒展,神态安详坦然。

第五章

子曰:"甚矣吾衰也!久矣吾不复梦见周公①!"

❶周公:姓姬,名旦,周文王之子,周武王之弟。曾辅佐周成

王执政,制定了周代的礼乐制度。是孔子所崇仰的古代圣人。

【译文】

孔子说:"我衰老得多么严重呀!很长时间我没有梦见周公了!"

‖ 第六章 ‖

子曰:"志于道①,据于德②,依于仁③,游于艺④。"

---

❶ 志:立志。❷ 据:执行、坚守。❸ 依:依据。❹ 艺:即六艺,指礼、乐、射、御、书、数六种科目。

【译文】

孔子说:"立志在'道'上,执守在'德'上,依凭在'仁'上,游娱在'艺'中。"

‖ 第七章 ‖

子曰:"自行束脩以上①,吾未尝无诲焉。"

---

❶ 束脩(xiū):一束干肉(十条)。脩,干肉。古人初次见面时,带着礼物赠给对方,十条干肉是很薄的见面礼。

【译文】

孔子说:"(只要是)自愿送我十条以上干肉(作见面薄礼)的,我从来没有不给予教诲的。"

第八章

子曰:"不愤不启①,不悱不发②。举一隅不以三隅反③,则不复也。"

❶愤:思考问题有疑难之处,苦思冥想,而仍然没想通,仍然领会不了的样子。❷悱:想说而不能明确地表达,说不出来的样子。❸隅:角落。比喻从已知的一点,去进行推论,由此及彼,触类旁通。

【译文】

孔子说:"(教导学生时)不到他苦思冥想而想不通时,不去开导他;不到心里想说而表达不出时,不去启发他。提示给他某一方面,他却不能推知出其他几个方面,我就不再去教他。"

第九章

子食于有丧者之侧①,未尝饱也。

❶有丧者:有丧事的人。孔子在有丧事的人面前,因同情失去亲人的人,食欲不振,吃饭无味。

【译文】

孔子在有丧事的人旁边吃饭,从来没有吃饱过。

第十章

子于是日哭①,则不歌。

---

❶ 哭:指给别人吊丧时哭泣。一日之内,由于心里悲痛,余哀未忘,就不会再唱歌了。

【译文】

孔子在吊丧这天哭泣过,便不再在这一天唱歌。

第十一章

子谓颜渊曰:"用之则行,舍之则藏,惟我与尔有是夫!"子路曰:"子行三军①,则谁与?"子曰:"暴虎冯河②,死而无悔者,吾不与也。必也临事而惧,好谋而成者也。"

---

❶ 三军:周制天子六军,诸侯大国三军,一军为一万二千五百人。春秋时大国多设三军,三军之名称,各国不同,有的称中军、上军、下军,有的称中军、左军、右军。这里统称军队。❷ 暴虎冯(píng)河:暴虎,空手和老虎搏斗;冯河,不借助舟船涉河。

【译文】

孔子对颜渊说:"出仕就去实行我的主张,否则就把它收藏起来,等待时机,只有我和你能做到这点罢!"子路说:"(如果)您统领军队,那么找谁与您一起共事?"孔子说:"空手斗虎,涉水渡河,就算丢了性命也不后悔,我不同这样的人共事。与我共事的人必须是遇事警惧,善于谋划以求成功的人。"

|| 第十二章 ||

子曰:"富而可求也,虽执鞭之士①,吾亦为之。如不可求,从吾所好。"

---

❶ 执鞭之士:指手里拿着皮鞭的下等差役。

【译文】

孔子说:"如果财富可以(正当)求得的话,即使做下等差役,我也愿意担任。如果不能(正当)求得,那么我还是做我喜欢做的事。"

|| 第十三章 ||

子之所慎:齐①,战,疾。

---

❶ 齐:同"斋",即斋戒。古人在祭祀前,必先整洁身心,以示虔诚。其内容包括沐浴更衣,不饮酒,不吃荤,不与妻妾同居等项,这叫斋戒。

【译文】

孔子小心谨慎对待的事是:斋戒、战争、疾病。

|| 第十四章 ||

子在齐闻《韶》①,三月不知肉味,曰:"不图为乐之至

于斯也②。"

❶《韶》：见《八佾篇》第二十五章注。❷ 不图：没料到。

【译文】

孔子在齐国听了《韶》乐后，很长时间内连吃肉都觉得没味，说："没想到《韶》乐美妙到这种程度。"

|| 第十五章 ||

冉有曰："夫子为卫君乎①？"子贡曰："诺，吾将问之。"入，曰："伯夷、叔齐何人也②？"曰："古之贤人也。"曰："怨乎？"曰："求仁而得仁，又何怨？"出，曰："夫子不为也。"

❶ 卫君：指卫出公蒯辄。他父亲是卫灵公的太子蒯聩，曾因得罪灵公而避难到晋国。灵公死后，立蒯辄为国君。后来，晋国为了寻找机会侵略卫国，故意把蒯聩送回国去，争夺君位，遭到蒯辄拒绝。冉有所问即指此事。❷ 伯夷、叔齐：商纣时孤竹国君的两个儿子。父亲临终前曾定叔齐继位；父亲死后，叔齐遵循长子继位的惯例让位给伯夷，而伯夷不肯违弃父亲遗命，便逃走，叔齐也跟着一起逃走。

【译文】

冉有问子贡道："老师会赞成卫君的做法吗？"子贡说："嗯，我去问他。"

走进孔子屋里，（子贡）问："伯夷、叔齐是怎样的人？"（孔子）

说:"古代的贤人。"又问:"他们互让君位而出逃,心里怨恨吗?"(孔子)说:"他们追求仁并得到了仁,又有什么怨恨的?"(子贡)出来后(对冉有)说:"老师是不会赞成卫君的。"

|| 第十六章 ||

子曰:"饭疏食,饮水①,曲肱而枕之②,乐亦在其中矣。不义而富且贵,于我如浮云。"

❶饭:吃。❷肱:由肩到胳膊肘的部位,一般也泛指胳膊。

【译文】

孔子说:"吃粗粮,喝白水,弯起胳膊当枕头睡,乐趣也就在其中了。用不符合道义的手段而享受富贵,对我来说就像天上的浮云似的(毫不相干)。"

|| 第十七章 ||

子曰:"加我数年,五十以学《易》①,可以无大过矣。"

❶《易》:即《易经》,古代占卜用书。

【译文】

孔子说:"让我多活几年,到五十岁时学习《易经》,就可以不犯大的过错了。"

第十八章

子所雅言①,《诗》《书》、执礼,皆雅言也。

❶ 雅言:春秋时代各地语言并不统一,但仍有在较大范围内通行的语言,即以陕西语音为标准音的"官话",当时称为"雅言"。译文以"普通话"对译之。

【译文】

孔子有用普通话的时候,读《诗经》《尚书》,主持行礼仪式时,都是用普通话。

第十九章

叶公问孔子于子路①,子路不对。子曰:"女奚不曰,其为人也,发愤忘食,乐以忘忧,不知老之将至云尔。"

❶ 叶公:楚国大夫沈诸梁,字子高,因在叶(shè)地当长官,故称叶公。

【译文】

叶公向子路打听孔子的为人,子路没有回答他。孔子(得知后)说:"你为什么不说,他的为人呀,发愤用功以至忘了吃饭,心境快乐而忘了忧愁,连自己快要衰老了也不觉得,如此而已。"

第二十章

子曰:"我非生而知之者,好古,敏以求之者也。"

【译文】

孔子说:"我不是生来就什么都懂的人,而是我喜爱古代文化,依靠勤奋敏捷求得了学问。"

第二十一章

子不语怪,力,乱,神。

【译文】

孔子不谈论怪异、暴力、悖乱、鬼神这四类事情。

第二十二章

子曰:"三人行,必有我师焉。择其善者而从之,其不善者而改之。"

【译文】

孔子说:"几个人一起走路,其中必定有值得我学习的。选择他们的优点去学习,对于他们的缺点,我便引以为戒加以改正。"

第二十三章

子曰:"天生德于予,桓魋其如予何①?"

❶ 桓魋(tuí):宋国的司马向魋,因是宋桓公后代,故又称桓魋。《史记·孔子世家》记载,公元前492年,孔子路过宋国,与弟子们在大树下演习礼仪。桓魋砍倒了大树,并要杀孔子,孔子在离开宋国的途中向弟子们讲了这句话。

【译文】

孔子说:"上天把这样的品德赋予我,桓魋又能把我怎么样?"

第二十四章

子曰:"二三子以我为隐乎①?吾无隐乎尔。吾无行而不与二三子者,是丘也。"

❶ 二三子:这里是孔子客气地称呼弟子们。"二三"表示约数。"子"是尊称。

【译文】

孔子说:"学生们,你们以为我会对你们隐瞒了什么吗?我没有什么隐瞒你们的。我没有哪件事不同你们一起做,这就是我孔丘的为人。"

第二十五章

子以四教：文①，行②，忠③，信④。

---

❶ 文：文化知识，历史文献。❷ 行：道德修养，社会实践。❸ 忠：忠诚老实。❹ 信：讲信用，言行一致。

【译文】

孔子从四个方面教导学生：典籍文献，道德实践，对人忠诚，诚实守信。

第二十六章

子曰："圣人，吾不得而见之矣；得见君子者，斯可矣。"
子曰："善人，吾不得而见之矣，得见有恒者，斯可矣。亡而为有①，虚而为盈②，约而为泰③，难乎有恒矣。"

---

❶ 亡：同"无"。❷ 盈：丰满，充实。❸ 约：穷困。泰：宽裕，豪华，奢侈。

【译文】

孔子说："圣人，我是不能够看到的了，能见到君子，这也就可以了。"

孔子说："善人，我是见不着了，能见到有恒心（保持良好品德）的人，这也就够了。（如果一个人）没有却假装有，空虚却假装充实，穷困却假装富足，就很难做到有恒心了。"

第二十七章

子钓而不纲①,弋不射宿②。

❶纲:本意是提网的大绳。这里指在河流的水面上横着拉一根大绳,上面系有许多鱼钩以钓鱼。❷弋(yì):用带绳的箭射鸟。这种箭发出去以后,还能靠绳收回再连续用。

【译文】

孔子(只用鱼竿)钓鱼,却不(用带大绳的网)捕鱼;射鸟(只射飞鸟)不射栖息在巢中的鸟。

第二十八章

子曰:"盖有不知而作之者,我无是也。多闻,择其善者而从之;多见而识之①;知之次也。"

❶识:记住。

【译文】

孔子说:"大概有自己无所知却要凭空创立新说的人,我没有这种本事。(我只是)多听听(各种见解),选择其中好的来学习;多看看,然后记在心里。这样的智慧次于生来就懂的。"

第二十九章

互乡难与言①,童子见,门人惑。子曰:"与其进也,不与其退也,唯何甚?人洁己以进,与其洁也②,不保其往也③。"

---

❶ 互乡:地名,所在地已无可考证。❷ 与(yù):赞成。❸ 保:拘守,计较。

【译文】

互乡这个地方的人难以同他们交谈。(但互乡)一个少年得到了孔子接见,弟子们感到疑惑。孔子说:"赞许人家进步,不赞成人家退步,何必做得过分呢?人家洁身自好以求进步,就应当赞成他的洁净,不能老是计较他的过去。"

第三十章

子曰:"仁远乎哉?我欲仁,斯仁至矣。"

【译文】

孔子说:"难道仁德离我们很远吗?我想达到仁,仁就到了。"

第三十一章

陈司败问①:"昭公知礼乎②?"孔子曰:"知礼。"
孔子退,揖巫马期而进之曰③:"吾闻君子不党④,君子亦党乎?君取于吴,为同姓,谓之吴孟子⑤。君而知礼,孰不知礼？"

巫马期以告。子曰："丘也幸，苟有过，人必知之。"

---

❶ 陈司败：陈国大夫。司败，官名。一说是齐人，姓陈，名司败。❷ 昭公：即鲁昭公，鲁国国君。❸ 巫马期：姓巫马，名施，字子期。孔子的弟子。❹ 党：偏袒，袒护。❺ 吴孟子：古代礼法规定"同姓不婚"。鲁国与吴国同为姬姓国家，按礼法鲁君不能娶吴国女子为婚。春秋时代国君夫人的称呼，一般是在她自己姓的前面加上她自己国家的国名。鲁昭公所娶的吴国女子，本当称"吴姬"，鲁昭公为掩饰自己违背"同姓不婚"的错误，便将这个女子改称为吴孟子。

【译文】

陈司败问孔子："昭公知礼吗？"孔子说："知礼。"

孔子出来后，陈司败向巫马期作揖，请他上前来，对他说："我听说君子不袒护人，（难道）君子也会袒护吗？鲁君从吴国娶了夫人，是和自己同姓的，（于是改）称她吴孟子。如果鲁君也算懂礼，还有谁不懂礼？"

巫马期把这话告诉了孔子。孔子说："我孔丘真幸运，如果有错误，别人一定会（指出）让我知道。"

第三十二章

子与人歌而善，必使反之①，而后和之②。

---

❶ 反：反复，再一次。❷ 和（hè）：跟随着唱，应和，唱和。

【译文】

孔子与别人一起唱歌，如果别人唱得好，就一定请他再唱一遍，然后（自己再）跟着他一起唱。

‖第三十三章‖

子曰："文，莫吾犹人也①。躬行君子，则吾未之有得。"

---

❶ 莫：推测之词。大概，或者，也许。

【译文】

孔子说："就文化知识方面来说，大概我与别人差不多。至于做身体力行的君子，那我还没有什么所得。"

‖第三十四章‖

子曰："若圣与仁，则吾岂敢！抑为之不厌①，诲人不倦，则可谓云尔已矣②。"公西华曰："正唯弟子不能学也。"

---

❶ 抑：转折语气词。然则，抑或，或许。❷ 云尔：这样，如此。

【译文】

孔子说："如果谈到圣和仁，那我怎么敢当！要说（朝着这个目标）努力去做而永不满足，教诲别人毫不倦息，倒还算得上。"公西华说："这正是我们做弟子不能（完全）学到的。"

第三十五章

子疾病，子路请祷。子曰："有诸？"子路对曰："有之。《诔》曰①：'祷尔于上下神祇。'"子曰："丘之祷久矣。"

---

❶《诔》(lěi)：向鬼神祈祷的文章。

【译文】

孔子病重，子路请求（代老师）祈祷。孔子说："有这回事吗？"子路回答说："有的。《诔》文上说：'替你向天地之神祷告。'"孔子说："我早就（以自己平时的作为）祈祷过了。"

第三十六章

子曰："奢则不孙，俭则固。与其不孙也①，宁固②。"

---

❶孙：同"逊"。❷固：鄙陋。

【译文】

孔子说："奢侈就显得骄纵不谦逊，俭省了便显得固陋。与其不谦逊，宁可固陋。"

第三十七章

子曰："君子坦荡荡，小人长戚戚①。"

❶ 戚戚：忧愁、悲伤的样子。

【译文】

孔子说："君子（总是）心胸宽广坦荡，小人常常忧虑不安。"

第三十八章

子温而厉①，威而不猛，恭而安。

❶ 厉：严肃。

【译文】

孔子温和又严肃，威严而不凶猛，庄重而又安详。

泰伯篇第八

第一章

子曰:"泰伯①,其可谓至德也已矣,三以天下让,民无得而称焉。"

---

❶ 泰伯:又作"太伯",周朝祖先古公亶(dǎn)父的长子。古公亶父欲立幼子季历,泰伯便主动偕弟仲雍出走到江南,成为当地君长。泰伯死后,由仲雍继立,其后人建立吴国。而季历之孙姬发(周武王)伐纣灭商,建立了周朝。

【译文】

孔子说:"泰伯,可以说是德行极其高尚的了。他多次坚持把君位让给弟弟,人民无法用语言来赞美他。"

第二章

子曰:"恭而无礼则劳,慎而无礼则葸①,勇而无礼则乱,直而无礼则绞②。君子笃于亲③,则民兴于仁;故旧不遗,则民不偷④。"

---

❶ 葸(xǐ):过分拘谨,胆怯懦弱。❷ 绞:说话尖酸刻薄,出口伤人;太急切而无容忍。❸ 笃:诚实,厚待。❹ 偷:刻薄,冷漠无情。

【译文】

孔子说:"注重态度的恭敬庄重却不懂礼,就会徒劳无益;言行谨慎而不合礼制,就显得胆怯懦弱;遇事勇敢而不合礼制,就会违法作乱;为人直率而不合礼制,就显得尖刻刺人。在上位的人对亲族感情深厚,百姓就会重视仁德;在上位的人不遗弃熟人朋友,百姓就不会冷漠无情。"

‖ 第三章 ‖

曾子有疾,召门弟子曰:"启予足①!启予手!《诗》云:'战战兢兢,如临深渊,如履薄冰②。'而今而后,吾知免夫。小子③!"

---

❶ 启:开。这里指掀开被子看一看。❷ 战战兢兢……如履薄冰:曾参借用这句话,表明自己一生处处小心谨慎,避免身体受损伤,算是尽了孝道。据《孝经》载,孔子曾对曾参说:"身体发肤受之父母,不敢毁伤,孝之始也。"❸ 小子:称弟子们。这里说完一番话之后再呼弟子们,表示反复叮咛。

【译文】

曾子患了重病,召集他门下弟子说:"看看我的脚!看看我的手(有无毁伤之处)!《诗经》上说:'胆战心惊的,就像面临着深深的水潭,就像脚踩着薄薄的冰层。'从今以后,我知道自己的身体能免于遭受祸害了。弟子们!"

第四章

曾子有疾,孟敬子问之①。曾子言曰:"鸟之将死,其鸣也哀;人之将死,其言也善。君子所贵乎道者三:动容貌,斯远暴慢矣;正颜色,斯近信矣;出辞气,斯远鄙倍矣。笾豆之事②,则有司存。"

---

❶ **孟敬子**:鲁国大夫仲孙捷。❷ **笾豆**:笾,盛食品用的一种竹器;豆,一种盛食物的器皿。笾、豆常用于祭祀和典礼,"笾豆之事"即指祭祀和礼仪方面的事。

【译文】

曾子患了重病,孟敬子探望他。曾子说:"鸟将要死时,它的叫声是悲哀的;人将死时,他的话是善意的。在上位的人处世待人,要注重三个方面:容貌要严肃谦和,这样可以免遭粗暴傲慢;脸色要端庄,这样就能接近诚信;言辞语气要恰当,这样就能避免鄙陋粗野。至于礼仪中的具体事情,则由主管官吏去负责。"

第五章

曾子曰:"以能问于不能,以多问于寡;有若无,实若虚;犯而不校①——昔者吾友尝从事于斯矣。"

---

❶ **校**:计较。

【译文】

曾子说:"有才能的人却向没有才能的人请教,学识丰富却向知识浅薄的人请教;有知识却像没知识一样,知识充实却像知识空虚一样;被人冒犯而不计较。从前我的一位朋友曾经这样做过。"

|| 第六章 ||

曾子曰:"可以托六尺之孤①,可以寄百里之命②,临大节而不可夺也。君子人与?君子人也!"

---

❶ 六尺之孤:孩子死去父亲,叫"孤"。六尺之孤,指尚未成年而登基接位的年幼君主。❷ 百里:指代一个诸侯国。

【译文】

曾子说:"可以把幼小的君主托付给他,可以把国家的命运托付给他,面临安危存亡的关头而不动摇屈服。这种人可以称得上是君子吗?是君子啊!"

|| 第七章 ||

曾子曰:"士不可以不弘毅①,任重而道远。仁以为己任②,不亦重乎?死而后已,不亦远乎?"

---

❶ 弘毅:刚强,勇毅。弘,广大,开阔,宽广。毅,坚强,果敢,刚毅。❷ 仁以为己任:"以仁为己任"的倒装句。

【译文】

曾子说:"读书人不可以不心胸宽广,意志坚强,(因为他)责任很重,路途遥远。把实现仁德作为自己的责任,这担子还不重吗?为仁奋斗到死才罢休,这路途还不遥远吗?"

第八章

子曰:"兴于《诗》①,立于礼②,成于乐③。"

❶兴:兴起,勃发,激励;受到《诗经》的感染,而热爱真善美,憎恨假恶丑。❷立:立足于社会,树立道德。❸成:完成,达到。这里指以音乐来陶冶性情,涵养高尚的人格,完成学业,最终达到全社会"礼乐之治"的最高境界。

【译文】

孔子说:"从学《诗经》而开始修养,由习礼而得以自立,坚定操守,通过音乐来陶冶性情,成就道德。"

第九章

子曰:"民可使由之①,不可使知之。"

❶由:从,顺从,听从,经由什么道路。孔子认为下层百姓的才智能力、认识水平、觉悟程度各不一样,当政者在实行政策法令时,只能要求他们遵照着去做,而不可以使人人都知道这样做的道理。

【译文】

孔子说:"对于百姓,可以使他们(不知不觉)按道理去做,不可以使他们懂得为什么要这样做。"

‖ 第十章 ‖

子曰:"好勇疾贫①,乱也。人而不仁,疾之已甚,乱也。"

---

❶ 疾:讨厌,厌恶。

【译文】

孔子说:"喜欢逞勇斗狠又讨厌自己贫困的人,就会作乱。一个不仁的人,如果被别人过分厌恨,(导致他自暴自弃)也会作乱。"

‖ 第十一章 ‖

子曰:"如有周公之才之美,使骄且吝①,其余不足观也已。"

---

❶ 吝:吝啬,小气,过分爱惜。

【译文】

孔子说:"如果有了周公那样的才能和美质,但只要骄傲吝啬,那他的其余方面就不值得一看了。"

第十二章

子曰:"三年学,不至于谷①,不易得也。"

❶谷:古代以谷米为俸禄,此用来指代做官。

【译文】

孔子说:"求学三年,还没有做官的想法,这种人难得呀。"

第十三章

子曰:"笃信好学,守死善道。危邦不入,乱邦不居。天下有道则见①,无道则隐。邦有道,贫且贱焉,耻也;邦无道,富且贵焉,耻也。"

❶见:同"现",表现,出现,出来。

【译文】

孔子说:"(对于道)要坚定信念,努力学习,坚守善道,至死而不变。不进入政局危急的国家,不滞留在政治混乱的国家。天下有道,就出来做官,无道就隐退。国家有道时,自己贫贱不能上进,是可耻的;国家无道时,而自己富贵,也是可耻的。"

第十四章

子曰:"不在其位,不谋其政①。"

❶谋:参与,考虑,谋划。

【译文】

孔子说:"不在那个职位上,就不要思虑那个职位上的政事。"

第十五章

子曰:"师挚之始①,《关雎》之乱②,洋洋乎盈耳哉!"

❶师挚之始:师挚,即太师挚。太师是乐师,这里指鲁国的一位乐师,名挚。"始"是乐曲的开端,古代奏乐,序曲通常由太师演奏。❷《关雎》之乱:《诗经·国风》的第一篇。古代《诗经》中的诗篇是可以用来配乐演唱的。"乱"是乐曲的结束部分。

【译文】

孔子说:"从太师挚开始演奏,直到最后演奏《关雎》之曲时,美妙动听的音乐充满了我的耳朵啊!"

第十六章

子曰:"狂而不直,侗而不愿①,悾悾而不信②,吾不知之矣。"

❶侗(tóng):幼稚,无知。愿:谨慎老实。❷悾(kōng)悾:诚恳的样子。

【译文】

孔子说:"狂妄而不直率,无知而不老实,样子诚恳而不讲信用,我真不知道这是怎样一种人了。"

‖ 第十七章 ‖

子曰:"学如不及,犹恐失之。"

【译文】

孔子说:"做学问就像追赶不上什么似的,(追赶上了)还恐怕会失掉。"

‖ 第十八章 ‖

子曰:"巍巍乎!舜、禹之有天下也①,而不与焉。"

---

❶ 禹:传说中古代部落联盟的首领,夏朝开国君主。做舜臣的时候,用疏导方式治水,取得成功,成为古代著名的治水英雄。代舜为首领后,传位其子,建立了中国历史上第一个私有制王朝——夏朝。

【译文】

孔子说:"多么崇高啊!舜和禹拥有天下,却一点儿也不谋求私利啊。"

|| 第十九章 ||

子曰:"大哉尧之为君也！巍巍乎！唯天为大,唯尧则之。荡荡乎,民无能名焉①。巍巍乎其有成功也。焕乎其有文章②。"

---

❶名:用语言去形容,赞美。❷焕:光辉,光明。文章:指礼乐典章制度。

【译文】

孔子说:"尧作为君主,真伟大啊！真崇高啊！只有天最伟大,只有尧可以与天相比。他的恩德多么广博啊,人民无法用语言来称赞他。他的功绩多么崇高啊。他的礼乐典章制度多么光彩灿烂。"

|| 第二十章 ||

舜有臣五人而天下治。武王曰:"予有乱臣十人①。"孔子曰:"才难,不其然乎？唐虞之际②,于斯为盛。有妇人焉,九人而已。三分天下有其二,以服事殷。周之德,其可谓至德也已矣。"

---

❶乱臣:"乱,治也。",训诂学上称之为"反训"。"乱臣"就是治国之臣。❷唐虞之际:唐,帝尧的部落先居于陶,后徙于唐,称陶唐氏。唐或陶唐皆可指代帝尧。虞,即有虞氏,帝舜的部落名,虞可以指代帝舜。唐虞之际,即尧舜之时。

【译文】

舜有五位贤臣而使天下太平。武王曾说:"我有十位治理天下的贤臣。"孔子说:"人才难得。难道不是这样吗?唐尧、虞舜时代(之后),武王时代人才最茂盛,其中一人是妇女,实际上是九个人罢了。(周文王)拥有天下三分之二时,还向殷朝称臣。周文王的德行,可以说是最高的道德了。"

第二十一章

子曰:"禹,吾无间然矣。菲饮食而致孝乎鬼神;恶衣服而致美乎黻冕①;卑宫室而尽力乎沟洫②。禹,吾无间然矣。"

---

❶黻(fú)冕:古代贵族祭祀时的礼服、礼冠。❷沟洫(xù):田间水道,即沟渠。

【译文】

孔子说:"对于禹,我是没有可批评的了。他饮食菲薄,却(用丰盛的祭品)祭尊鬼神;他衣着粗劣,而祭服做得很精美;他居室简陋,却尽全力兴办水利。对于禹,我是挑不出他的缺点了。"

子罕篇第九

第一章

子罕言利与命与仁①。

❶ 与:赞同,肯定。

【译文】
孔子很少谈论功利,赞同天命和仁德。

第二章

达巷党人曰①:"大哉孔子!博学而无所成名。"子闻之,谓门弟子曰:"吾何执?执御乎?执射乎?吾执御矣。"

❶ 达巷党:达巷,地名。党,古代一种居民组织,五百家为一党。

【译文】
达巷那地方的人说:"孔子真伟大啊!学识渊博竟至于没有哪一方面可以使他成名。"孔子听说后,对门下弟子们说:"我该专学哪一项技艺呢?驾车呢,还是射箭呢?我还是驾车吧。"

第三章

子曰:"麻冕①,礼也;今也纯②,俭。吾从众。拜下,礼也;今拜乎上,泰也③。虽违众,吾从下。"

---

❶ 麻冕:麻布礼帽。按规定,用做礼帽的麻布要用二千四百根麻线织成,很费工。后改用丝质礼帽,俭省了工力工时。❷ 纯:黑色的丝。❸ 泰:骄纵。

【译文】

孔子说:"用麻做礼帽,这是符合礼节的规定的;现在用丝做,这样节省些,我赞同大家的做法。(臣见君时)先在堂下跪拜,(登堂后再拜)这是礼的规定;现在大家直接登堂拜见,太傲慢了,虽然与众不同,我还是主张遵礼,先在堂下跪拜。"

第四章

子绝四:毋意①,毋必②,毋固,毋我。

---

❶ 意:同"臆",主观的想法,缺乏客观证据。❷ 必:不知变通。

【译文】

孔子杜绝了四种缺点:不凭空猜想揣测,不专断绝对,不固执己见,不自以为是。

|| 第五章 ||

子畏于匡①，曰："文王既没，文不在兹乎？天之将丧斯文也，后死者不得与于斯文也②；天之未丧斯文也，匡人其如予何？"

❶ 子畏于匡：据《史记·孔子世家》记载，孔子在去陈国途中曾路过匡地。匡人以前曾遭鲁国阳虎的残害，而孔子相貌颇像阳虎，被匡人误认为阳虎而围困起来。五天后，知道不是阳虎后才放了他。畏：围困。❷ 后死者：孔子自称。

【译文】

孔子在匡地被当地人拘押起来，说："文王死后，古代文化遗产不就保存在我这里吗？如果上天要灭绝这些文化，我就不会掌握它了；如果上天不想灭绝这些文化，匡地的人又能把我怎么样？"

|| 第六章 ||

太宰问于子贡曰①："夫子圣者与？何其多能也？"子贡曰："固天纵之将圣，又多能也。"

子闻之，曰："太宰知我乎？吾少也贱，故多能鄙事。君子多乎哉？不多也。"

❶ 太宰：官名。这里的太宰具体指谁，已无法考证。

【译文】

太宰向子贡问道:"孔先生是圣人吗?为什么他这样多才多艺呢?"子贡说:"本来就是上天要使他成为圣人,又给予他很多技艺呀。"

孔子听说了这事,说:"太宰了解我吗?我年轻时很贫贱,所以学会做许多低贱的技艺。(地位高的)君子技艺会多吗?不会多的。"

|| 第七章 ||

牢曰①:"子云:'吾不试②,故艺。'"

❶牢:人名,具体情况已无可考证。有人认为是孔子的弟子。❷试:用世,做官。

【译文】

牢说:"孔子曾说,我因为没有被国家重用,所以学会了一些技艺。"

|| 第八章 ||

子曰:"吾有知乎哉?无知也。有鄙夫问于我①,空空如也,我叩其两端而竭焉②。"

❶鄙夫:贬称,患得患失的小人,浅薄之人。❷叩其两端:仔细思考、揣摩、推究它涉及到的所有对立面的关系。竭:完全,

穷尽。

【译文】

孔子说:"我有知识吗?不是这样的(我只不过掌握了获得新知的方法罢了),例如,即使一个见识不多的人来问我一个问题,我也可能一无所知,但我会对那问题仔细加以分析,尽我所能地回答。"

‖ 第九章 ‖

子曰:"凤鸟不至①,河不出图②,吾已矣夫!"

---

❶ 凤鸟不至:传说舜和周文王时,都曾有凤凰飞来,所以古人认为凤凰出现就显示天下太平。❷ 河不出图:传说伏羲氏时,黄河中有一匹龙马,背上呈八卦一般的图纹,伏羲就以这图纹为蓝本创制了八卦。黄河龙马负图出现,古人认为意味着有圣人受命来治理天下。

【译文】

孔子说:"凤凰不飞来,黄河不出现图画,我这辈子就算完了!"

‖ 第十章 ‖

子见齐衰者①、冕衣裳者与瞽者,见之,虽少,必作②;过之,必趋。

❶ 齐衰（zī cuī）：丧服的一种，用麻布做成，在五服（五个等级的丧服）中居第二等，仅次于斩衰。这里泛指丧服。❷ 作：站起来。

【译文】

孔子看到穿丧服的人，戴礼帽穿礼服的人和盲人，即使他们是年轻人，孔子也必定（从坐席上）站起身来；走过时，必定要快步走。

第十一章

颜渊喟然叹曰①："仰之弥高②，钻之弥坚；瞻之在前，忽焉在后。夫子循循然善诱人③，博我以文，约我以礼，欲罢不能。既竭吾才，如有所立卓尔④。虽欲从之，末由也已⑤。"

❶ 喟：叹气，叹息。❷ 弥：更加，越发。❸ 循循然：一步一步有次序地。❹ 卓尔：高大直立的样子。❺ 末由：指不知从什么地方，不知怎么办，没有办法去达到。末，没有，无。由，途经。

【译文】

颜渊深深慨叹说："（老师的思想学问）越仰望它，越觉得它高，越钻研它，越觉得它深；看它好像在眼前，忽然又像在后面。老师循循善诱地教诲我们，用文化典籍丰富我的知识，用礼约束我的言行，使得我停止学习也不可能。我竭尽了自己的才智，似乎大道就卓然矗立在前，即使想要跟随它，却不知从何处走了。"

第十二章

子疾病，子路使门人为臣①。病间，曰："久矣哉，由之行诈也！无臣而为有臣。吾谁欺？欺天乎？且予与其死于臣之手也，无宁死于二三子之手乎？且予纵不得大葬，予死于道路乎？"

---

❶ 子路使门人为臣：古代大夫的丧事，由家臣治办。孔子当时已不是大夫，没有家臣。子路想用大夫之礼为孔子治丧，所以让别的弟子充当家臣。

【译文】

孔子病得很重，子路叫别的弟子充当家臣（准备为老师料理丧事）。后来，孔子的病好转了，（得知这件事后）说："仲由搞欺骗已有很长时间了。我没有家臣却装作有家臣，我骗谁呢？骗天吗？再说，我与其由家臣办丧事，不如由你们弟子来办呢！我即使不能死后得到（像大夫那样的）隆重安葬，难道就会死在路上（没人来葬我）吗？"

第十三章

子贡曰："有美玉于斯，韫椟而藏诸①？求善贾而沽诸②？"子曰："沽之哉！沽之哉！我待贾者也！"

---

❶ 韫椟（yùn dú）：韫，收藏。椟，柜子。后以"韫椟"表示怀才未用。❷ 贾（gǔ）：商人。沽：卖。

【译文】

子贡说:"假使有块美玉在这里,是将它收藏在柜子里好呢,还是找一个识货的商人把它卖出去好呢?"孔子说:"卖掉吧!卖掉吧!我正在等待识货的人呢!"

‖ 第十四章 ‖

子欲居九夷①。或曰:"陋,如之何?"子曰:"君子居之,何陋之有?"

---

❶九夷:古代对居住在我国东部地区民族的总称。"九"表示多;"夷"是对东部民族带有轻蔑意味的称呼。

【译文】

孔子想到九夷去居住。有人对他说:"那里很僻陋,怎么能住呢?"孔子说:"君子居住到那里,还有什么僻陋呢?"

‖ 第十五章 ‖

子曰:"吾自卫反鲁①,然后乐正,《雅》《颂》各得其所②。"

---

❶吾自卫反鲁:公元前484年,孔子离开卫国返回鲁国,结束了十四年周游列国的生活。❷《雅》《颂》:是《诗经》中两类诗的名称,又是乐曲的分类名。不同类的诗要配上不同类的乐曲。

【译文】

孔子说:"我从卫国回到鲁国后,(便整理《诗经》的篇章)对乐曲进行了整理订正,《雅》归雅乐,《颂》归颂乐,各归于适当的位置。"

‖第十六章‖

子曰:"出则事公卿,入则事父兄,丧事不敢不勉,不为酒困,何有于我哉①?"

❶何有于我哉:一说,此句意为:我做到了哪些呢?

【译文】

孔子说:"在外侍奉好公卿,在家侍奉好兄长,办丧事不敢不尽礼,不因为喝酒而伤身误事,我做到了哪些呢?"

‖第十七章‖

子在川上,曰:"逝者如斯夫①,不舍昼夜②。"

❶逝者:指逝去的岁月、时光。❷舍:止,停留。

【译文】

孔子站在河边,感叹道:"消逝的时光正像这河水一样啊!日夜不停地流去。"

第十八章

子曰:"吾未见好德如好色者也。"

【译文】

孔子说:"我没有见到过爱好仁德就像喜爱美色那样的人。"

第十九章

子曰:"譬如为山,未成一篑①,止,吾止也。譬如平地②,虽覆一篑,进,吾往也。"

---

❶篑(kuì):装土的筐子。❷平地:这里应视作使动结构,"使地平"的意思。

【译文】

孔子说:"好比堆一座山,只差一筐土而没有堆成,停止堆下去,是我自己停止的;好比填平一块地,即使只倒了一筐土,(也是有了进展)继续干下去,也是我自己坚持的。"

第二十章

子曰:"语之而不惰者,其回也与①!"

---

❶其:表示揣测、反诘。莫非,难道,也许。

【译文】

孔子说:"听我说话而始终听不懈怠的,大概只有颜回吧!"

|| 第二十一章 ||

子谓颜渊,曰:"惜乎!吾见其进也,未见其止也。"

【译文】

孔子谈论颜渊,说:"(死得)真可惜呀!我只见他不断进步,从未见他停滞不前啊。"

|| 第二十二章 ||

子曰:"苗而不秀者有矣夫!秀而不实者有矣夫①!"

---

❶ 据《论语注疏》,此章是孔子惋惜颜渊早逝而作。

【译文】

孔子说:"庄稼光出苗生长而不开花结穗,有这种情况的吧!光开花而不结果实,有这种情况的吧!"

|| 第二十三章 ||

子曰:"后生可畏,焉知来者之不如今也?四十、五十而无闻焉,斯亦不足畏也已。"

【译文】

孔子说:"年轻人是可怕的,哪能预知他们的将来赶不上现在的人呢?(不过)如果到了四十岁、五十岁还没有什么声望,也就不值得畏惧了。"

第二十四章

子曰:"法语之言,能无从乎?改之为贵。巽与之言①,能无说乎?绎之为贵②。说而不绎,从而不改,吾末如之何也已矣。"

---

❶巽(xùn):同"逊",谦逊,恭顺。❷绎:分析鉴别。

【译文】

孔子说:"符合正道的话,能不听从吗?(但只有按它)改正错误才是可贵的。恭敬好听的话,听了能不高兴吗?但只有分析鉴别一下(真假是非)才是可贵的。只是高兴而不加分析,只是接受而不改正,(这种人)我是拿他没办法的了。"

第二十五章

子曰:"主忠信。毋友不如己者。过则勿惮改①。"

---

❶本章重出,见《学而》篇第八章。

【译文】

孔子说:"做人重要的是诚实、守信用。不结交德行不如自己的人。有了过错就不要怕改正。"

第二十六章

子曰:"三军可夺帅也①,匹夫不可夺志也②。"

❶ 三军:古制,一万二千五百人为一军。周朝,一个大诸侯国可拥有三军(三万七千五百人)。❷ 匹夫:普通的人,男子汉。

【译文】

孔子说:"一国的军队,可以俘获它的主帅;一个普通人,却不能强迫他改变志向。"

第二十七章

子曰:"衣敝缊袍,与衣狐貉者立,而不耻者,其由也与?'不忮不求①,何用不臧②?'"子路终身诵之。子曰:"是道也,何足以臧?"

❶ 忮(zhì):嫉妒。❷ 臧(zāng):善,好。

【译文】

孔子说:"穿着破丝棉袍子的人,与穿着狐貉皮袍的人站在一起,而不感到羞耻的,大概只有仲由吧?(《诗经》上说)'不嫉妒,不贪求,为什么不好?'"子路听了,便一直念着这两句诗。孔子(因此又)说:"仅做到这样,哪值得称赞?"

|| 第二十八章 ||

子曰:"岁寒,然后知松柏之后凋也①。"

❶ 凋:凋谢,草木花叶脱落。松柏树四季常青,经冬不凋。孔子以此为喻,有"烈火见真金""路遥知马力""国乱识忠臣""士穷显节义"的含意。

【译文】

孔子说:"严寒的季节,才知道松柏是最后凋零的。"

|| 第二十九章 ||

子曰:"知者不惑①,仁者不忧,勇者不惧。"

❶ 知:同"智"。智、仁、勇是孔子所提倡的三种传统美德。

【译文】

孔子说:"聪明的人不疑惑,仁德的人不忧愁,勇敢的人不畏惧。"

第三十章

子曰:"可与共学,未可与适道①;可与适道,未可与立;可与立,未可与权②。"

❶适:往。这里含有达到、学到的意思。❷权:本义是秤锤。引申为权衡,随宜而变。

【译文】

孔子说:"能在一起学习的人,未必可以一起追求真理;能一起追求真理的,未必能一起确立'道'的原则;能一起确立'道'的原则的,未必都能随机应变地运用它。"

第三十一章

"唐棣之华①,偏其反而。岂不尔思?室是远而。"子曰:"未之思也,夫何远之有?"

❶唐棣:一种植物,属蔷薇科,落叶灌木。数朵花一簇,象征兄弟团结。华:同"花"。

【译文】

(古代有首诗这样写道)"唐棣的花朵啊,翩翩地摇摆。难道我不思念你吗?你居住得太遥远了。"孔子说:"这还是没有真正的思念啊,(如果真的思念)有什么遥远呢?"

乡党篇第十

|| 第一章 ||

孔子于乡党，恂恂如也①，似不能言者。其在宗庙朝廷，便便言②，唯谨尔。

---

❶恂恂：恭顺谦和。❷便（biàn）便：形容说话清楚明白。便，同"辩"。

【译文】

孔子在家乡的时候，非常恭顺谦和，就像个不会说话的人。在宗庙里、朝廷上，说话清楚明白，只是很谨慎。

|| 第二章 ||

朝，与下大夫言①，侃侃如也；与上大夫言，訚訚如也②。君在，踧踖如也③，与与如也④。

---

❶下大夫：官名。周王室及诸侯各国，卿以下有大夫，分上、中、下三等。❷訚（yín）：和颜悦色，而能中正诚恳，尽言相诤。❸踧踖（cù jí）：恭敬而又不安的样子。❹与与：威仪适度的样子。

【译文】

（孔子）上朝时，（在君主来到之前）同下大夫交谈，显出和气愉快的样子；与上大夫交谈，显出恭敬温和的样子。君主临朝时，显出恭敬、威仪适中的样子。

|| 第三章 ||

君召使摈①，色勃如也②，足躩如也③。揖所与立，左右手，衣前后，襜如也④。趋进，翼如也。宾退，必复命曰："宾不顾矣。"

---

❶摈（bìn）：同"傧"，是国君派遣的负责接待外国宾客的官员。❷色：面色。勃如：矜持庄重。❸躩（jué）：行路恭敬肃穆的样子。❹襜：整齐。

【译文】

鲁君召孔子，让他去做傧相。（孔子接待宾客时）神情矜持庄重，走路快而平稳。向站在一起的人作揖，时而向左拱手，时而向右拱手，衣服前后摆动，整齐而不乱。（由中庭）快步向前，（两臂拱起）像鸟儿张开了翅膀。宾客告辞后，他总是回复国君说："宾客已经远去了。"

|| 第四章 ||

入公门，鞠躬如也，如不容。立不中门，行不履阈①。过位，色勃如也，足躩如也，其言似不足者。摄齐升堂②，鞠躬如也，屏气似不息者。出，降一等③，逞颜色④，怡怡如也。没阶⑤，趋进，翼如也。复其位，踧踖如也。

---

❶阈：门坎。❷齐（zī）：衣服的下摆。❸等：台阶。❹逞：放开。❺没阶：走完台阶。

【译文】

（孔子）进入朝廷大门时，显出恭敬谨慎的样子，好像没有容身之地。不站立在门的中间，步行不踩门坎。经过国君（空着的）座位时，脸色顿时庄重起来，步子加快，话音放低，像说话力气不足似的。提起衣服的下摆上堂，谨慎小心的样子，敛身憋气，像停住了呼吸一般。从堂上退出，走下了一级台阶，脸色才舒展开来，显得轻松愉快。下完台阶，快步向前走，像鸟儿展翅一样。回到自己位置上，依然显出恭敬谨慎的样子。

‖ 第五章 ‖

执圭①，鞠躬如也，如不胜。上如揖，下如授。勃如战色，足蹜蹜如有循②。享礼，有容色。私觌③，愉愉如也。

---

❶圭：一种玉器，上圆下方，举行典礼时不同身份的人手执不同的圭。大夫出使外国时，所执之圭是自己代表君主出使的身份凭证。❷蹜（sù）：脚步细碎紧密。❸觌（dí）：见面，会见，以礼相见。

【译文】

孔子（出使到别国参加典礼时）手里拿着圭，小心谨慎，似乎拿不住的样子。从地上取圭朝上授人时或上举时，像是作揖；置圭于地时或回下时，像是递给人东西。脸色庄重得战战兢兢，脚步细碎，像在沿着什么行走。献礼物时，和颜悦色。到了以私人身份跟别国君臣相见时，显得非常轻松愉快。

第六章

君子不以绀緅饰①，红紫不以为亵服②。当暑，袗絺绤③，必表而出之④。缁衣⑤，羔裘；素衣⑥，麑裘⑦；黄衣，狐裘。亵裘长，短右袂⑧。必有寝衣⑨，长一身有半。狐貉之厚以居。去丧，无所不佩。非帷裳⑩，必杀之⑪。羔裘玄冠不以吊。吉月⑫，必朝服而朝。

---

❶绀（gàn）：为深青透红色。緅（zōu）：微带红的黑色。緅与绀相比，黑多红少，较暗。饰：领子和袖子的边缘。绀、緅是古代礼服的颜色，所以不适合做缘边。❷红紫：贵重的正服所用颜色。亵服：居家日常所穿衣服。❸袗絺绤（zhěn chī xì）：袗，单衣。絺，细葛布。绤，粗葛布。❹表：穿在外面的衣服。出：出门，外出。❺缁：黑色。❻素：白色。❼麑：小鹿。❽袂：衣袖。❾寝衣：被子。❿帷裳：上朝时穿的礼服。⓫杀：裁去。⓬吉月：农历每月初一。

【译文】

君子不用深红或浅红的布做衣服领子和袖口的镶边，不用粉红色、紫色的布来做平时在家穿的便服。夏天，穿葛布单衣，出门时一定要再罩一件外套。黑色的罩衣，内配黑色的羔羊皮袍；白色的罩衣，内配白色的鹿皮袍；黄色罩衣，内配黄色的狐皮袍。在家穿的皮袄做得比一般衣服长一些，右边的袖子短一些，方便做家务。睡觉一定要有被子，长度是自身的一倍半。（冬天）穿着厚狐貉裘在家接待宾客。丧期过后，没有什么不可以佩戴。除了上朝穿的礼服要（用整幅布做），（其他衣服）必定要裁边。参加丧礼时切记不穿黑羔羊皮袍、不戴黑色礼帽。农历每个月的初一，一定要穿上上朝礼服去朝拜君主。

‖ 第七章 ‖

齐①，必有明衣②，布③。齐必变食④，居必迁坐⑤。

---

❶齐：同"斋"，斋戒。❷明衣：浴衣。❸布：麻布。❹变食：改变日常饮食，不饮酒、不吃荤，禁食辛辣刺激的食物。❺迁坐：改变日常居住处所。

【译文】

斋戒沐浴时，一定要有清洁的浴衣，用麻布做的。斋戒时，一定要改变饮食，一定要另居一室（单独住）。

‖ 第八章 ‖

食不厌精，脍不厌细。食饐而餲①，鱼馁而肉败，不食。色恶，不食。臭恶②，不食。失饪，不食。不时，不食。割不正，不食。不得其酱，不食。肉虽多，不使胜食气。唯酒无量，不及乱。沽酒市脯③，不食。不撤姜食。不多食。

❶食：主食、粮食。饐（yì）：食物经久腐臭。餲（ài），食物经久而变味。❷臭（xiù）：气味。❸脯（fǔ）：熟肉干，干肉。

【译文】

饭食不嫌做得精，鱼肉不嫌切得细。粮食发霉变质了，鱼肉腐败变坏了，都不吃。（食物）颜色变坏了，不吃。气味难闻，不吃。烹饪不熟，不吃。不是进食的时间，不吃。砍割肉的部位、方法不对，不吃。没有合适的调味品，不吃。席上肉食虽然多，但吃肉的量不超过主食。只有喝酒不限量，不至于喝醉就行。买来的酒和市上的熟肉干，不吃。不撤去姜食，但不要多吃。

|| 第九章 ||

祭于公，不宿肉①。祭肉不出三日。出三日，不食之矣。

❶祭于公，不宿肉：古代有大夫助君祭祀之礼。国君祭祀，在临祭之日的清晨杀牲，祭后的第二天要再祭，称作绎祭，绎祭之后，将祭肉分赐给助祭者，以示均分神惠。这样，颁赐所得的祭肉，至少已历两天时间，不可再存放过夜。

【译文】

（孔子）参与国君祭祀典礼，所分得的祭肉不留着过夜。别的祭肉存放不超过三天，超过三天就不吃了。

第十章

食不语，寝不言。

【译文】

（孔子）吃饭时不讲话，睡下后不言语。

第十一章

虽疏食菜羹，瓜祭①，必齐如也。

❶ 祭：这里的"祭"，是祭最初发明饮食的人，以示回报。

【译文】

（孔子吃饭时）即使是粗米饭、蔬菜汤和瓜，也必定先祭一祭，而且必定像斋戒那样毕恭毕敬。

第十二章

席不正①，不坐。

❶ 席：坐席。古代没有椅子凳子，在地上铺上席子以为坐具。

【译文】

坐席摆放得不端正，不坐。

第十三章

乡人饮酒①,杖者出②,斯出矣。

---

❶ **乡人饮酒**:此指举行乡饮酒礼,古代在乡里举行的一种礼仪,这种礼仪突出敬老的主题。❷ **杖者**:指老人。

【译文】

行乡饮酒礼后,(孔子)会等老年人先离席了,自己才出去。

第十四章

乡人傩①,朝服而立于阼阶。

---

❶ **傩**(nuó):古代举行驱逐疫鬼的一种仪式。

【译文】

乡里人举行驱逐疫鬼的仪式时,(孔子)穿着朝服站立在家庙东面的台阶上(以免先祖之神受到惊吓)。

第十五章

问人于他邦①,再拜而送之。

---

❶ **问**:问候,问好。这里指托别人代为致意。

【译文】

（孔子托人）向其他诸侯国友人问候送礼，要向托付的人连拜两次送行。

第十六章

康子馈药，拜而受之，曰："丘未达，不敢尝①。"

❶ 丘未达，不敢尝：古人对赠送的食物，能尝食的先要尝一下，以表示郑重。孔子因不了解药性，故说"不敢尝"。

【译文】

季康子（派人）送药给孔子，孔子叩拜并接受了药，并说："我不了解它的药性，不敢试尝。"

第十七章

厩焚①。子退朝，曰："伤人乎？"不问马。

❶ 厩：马棚，马房。后也泛指牲口房。

【译文】

马棚失火焚毁。孔子从朝廷回来，问道："伤着人了吗？"他却不问马怎么样。

|| 第十八章 ||

君赐食,必正席先尝之。君赐腥①,必熟而荐之②。君赐生,必畜之。侍食于君,君祭,先饭。

----

❶腥:生肉。❷荐:供奉,进献。这里指煮熟了肉先放在祖先灵位前上供,表示进奉。

【译文】

国君赐给熟食,(孔子)一定要摆正座位先尝一下(然后用来供奉祖先)。国君赐给生肉,必定先煮熟,再供奉祖先。国君赐给的活物,必定要将它饲养起来(以示珍惜国君的恩惠)。陪国君用餐,当国君行饭前祭礼时,自己先尝一尝(以此代君尝食,以表敬意)。

|| 第十九章 ||

疾,君视之,东首①,加朝服,拖绅②。

----

❶东首:指头朝东。❷绅:朝服束在腰间的大宽带子。孔子因病卧床,不能穿朝服,故把朝服加盖在身上,把"绅"放在朝服上,拖下带子去,表示对国君的尊敬与迎接。

【译文】

(孔子)病了,国君来看望他,孔子便头朝东(面对国君来的方向躺着),把朝服盖在身上,礼服上的大带拖垂下来(象征按正常礼节见国君)。

第二十章

君命召,不俟驾行矣①。

❶ 俟:等待。

【译文】

国君有事传命召见,(孔子)不等车马准备好,就先动身走了。

第二十一章

入太庙,每事问①。

❶ 这两句见《八佾》篇第十五章。

【译文】

孔子进入太庙,每件事都要问一问。

第二十二章

朋友死,无所归①,曰:"于我殡。"

❶ 归:归宿。这里指后事的安排,如装殓,发丧,埋葬等。

【译文】

朋友死了,没有亲属给他办丧事,孔子说:"丧事由我操办吧。"

第二十三章

朋友之馈，虽车马，非祭肉①，不拜。

---

❶祭肉：指祭祀祖先用的胙肉。为了表示对朋友的祖先像对自己的祖先那样尊敬，在接受祭肉时要拜。

【译文】

朋友的赠品，即使是车马，只要不是祭肉，（孔子在接受时）都不行拜礼。

第二十四章

寝不尸，居不客①。

---

❶客：宾客。这里用作动词。

【译文】

（孔子）睡觉不像死尸那样直挺着，居家时，不像会见客人或自己做客那样恭敬地过分讲究仪式。

第二十五章

见齐衰者，虽狎①，必变。见冕者与瞽者，虽亵②，必以貌。凶服者式之③。式负版者④。有盛馔⑤，必变色而作。迅雷风烈必变。

❶ 狎：亲近。❷ 亵：常见、熟悉。❸ 式：同"轼"，古代车厢前用作扶手的横木。❹ 负版：背着国家图籍。❺ 馔（zhuàn）：食物（多指美食）。

【译文】

（孔子）见了穿丧服的人，即使是关系亲密的人，神情也必定变得很严肃起来。见了戴礼帽的人和盲人，即使很熟悉的人，也必定很有礼貌。（行车在路上）遇到穿丧服的人，（孔子）就俯身扶轼（表示同情）。遇到背着国家图籍的人，（孔子）就俯身扶轼（表示敬意）。有丰盛的筵席，（孔子）必定改变神色，起身（对主人表示谢意）。遇到疾风迅雷，（孔子）必定改变神色（表示对天敬畏）。

‖ 第二十六章 ‖

升车，必正立，执绥①。车中，不内顾②，不疾言，不亲指。

❶ 绥（suí）：车上绳子，登车时作拉手用。❷ 不内顾：《鲁论》无"不"字。"内顾"即收敛视线，不乱看之意。

【译文】

（孔子）登车，一定端端正正站好，然后拉着车上的绳子（登车）。在车中，不回顾车内，不快言快语，不用手指指划划。

第二十七章

色斯举矣。翔而后集。曰:"山梁雌雉,时哉时哉!"子路共之,三嗅而作①。

---

❶ 嗅:唐代石经《论语》作"戛"字。戛,像鸟叫声。这一章寓意费解,很多人疑文字有脱漏。译文暂据朱熹的理解。朱熹《四书集注》云:"言鸟见人之颜色不善,则飞去;回翔审视而后下止。人之见机而作,审择所处,亦当如此。"

【译文】

孔子一行惊动了一群野鸡飞起来。野鸡空中飞了一会发现这些人并没恶意。于是,又停落在树丛中。(孔子)感慨说:"这些山梁上的雌雉鸡,识时务啊,识时务啊!"子路向它们肃然拱手,野鸡长叫几声飞走了。

先进篇第十一

‖ 第一章 ‖

子曰:"先进于礼乐①,野人也②;后进于礼乐,君子也③。如用之,则吾从先进。"

---

❶"先进"句:指先在学习礼乐方面有所进益,先掌握了礼乐方面的知识。❷ 野人:这里指庶民,没有爵禄的平民。与世袭贵族相对。❸ 君子:这里指有爵禄的贵族,世卿子弟。

【译文】

孔子说:"先学习礼乐(而后获得官职)的,是原本无爵无禄普通的人;(先有官位)后学习礼乐的,是卿、士大夫等贵族。如果选用人,我赞成选用先学习礼乐的人。"

‖ 第二章 ‖

子曰:"从我于陈、蔡者①,皆不及门也②。"

---

❶ 从我于陈、蔡者:公元前489年,孔子带着颜渊、子路等弟子从陈国到蔡国去,途中曾遭陈国人围困,绝粮七天,弟子们饿得站不起来。后因楚人相助,才摆脱困境。❷ 及门:在某人门下当学生。

【译文】

孔子说:"曾跟随我在陈国、蔡国(经历过艰难困境)的弟子,现在都已不在我的门下了。"

|| 第三章 ||

德行:颜渊,闵子骞,冉伯牛,仲弓。言语:宰我,子贡。政事:冉有,季路。文学①:子游,子夏。

❶ 文学:指诗书礼乐等文化知识,即通晓西周文献典籍。

【译文】

(孔子弟子中)德行突出的有:颜渊,闵子骞,冉伯牛,仲弓。擅长辞令的有:宰我,子贡。善于处理政事的有:冉有,季路。通晓诗书礼乐等知识的有:子游,子夏。

|| 第四章 ||

子曰:"回也非助我者也,于吾言无所不说①。"

❶ 说:同"悦"。这里是说颜渊对孔子的话从来不提出疑问或反诘。

【译文】

孔子说:"颜回呀,他不是对我有所帮助的人,因为他对我所讲的话没有不心悦诚服的。"

第五章

子曰:"孝哉闵子骞!人不间于其父母昆弟之言①。"

❶ 间(jiàn):空隙,此是批判、非议的意思。昆:兄。

【译文】

孔子说:"闵子骞真孝顺啊!人们对于他父母兄弟(夸奖他孝顺)的话,挑剔不出毛病。"

第六章

南容三复"白圭"①,孔子以其兄之子妻之②。

❶ "白圭":这里指《诗经·大雅·抑》中有关白圭的四句诗:"白圭之玷,尚可磨也;斯言之玷,不可为也。"意思是白圭(一种珍贵而莹洁的玉)上的污点还能磨掉,人们言语中的错误却是不可挽回的,所以言语必须谨慎。❷ 妻:名词用作动词,做妻子。

【译文】

南容多次诵读有关"白圭"的那几句诗来告诫自己要谨慎,孔子便将自己哥哥的女儿嫁给了他。

第七章

季康子问:"弟子孰为好学?"孔子对曰:"有颜回者好

学，不幸短命死矣，今也则亡。"

【译文】

季康子问道："在你弟子中，谁最好学？"孔子回答说："有个叫颜回的弟子最好学，不幸短命死了，现在没有像他那样好学的了。"

‖ 第八章 ‖

颜渊死，颜路请子之车以为之椁①。子曰："才不才②，亦各言其子也。鲤也死，有棺而无椁。吾不徒行以为之椁。以吾从大夫之后，不可徒行也。"

---

❶椁（guǒ）：古代有地位的人，死后所用棺材至少有两层，里面一层叫棺，外面一层叫椁。❷才：有才能。此指颜渊。不才：没有才能。此指孔鲤。

【译文】

颜渊死了，（他父亲）颜路请求孔子把自己的车子卖了为颜渊买一具外椁。孔子说："无论是有才能还是没有才能，各人讲起来也都是自己的儿子。我儿子鲤死的时候，也只有棺而没有椁。我不能为了给他买椁而卖掉车子步行。因为我以前曾经做过大夫，是不可以步行的。"

‖ 第九章 ‖

颜渊死，子曰："噫！天丧予①！天丧予！"

❶ 丧：亡，使……灭亡。

【译文】

颜渊死了，孔子说："唉！老天爷要我的命呀！老天爷要我的命呀！"

‖ 第十章 ‖

颜渊死，子哭之恸①。从者曰："子恸矣！"曰："有恸乎？非夫人之为恸而谁为②？"

❶ 恸：极度哀痛，悲伤。❷ 非夫人之为恸而谁为：即"非为夫人恸而为谁"的倒装。"之"是虚词，在语法上只起到帮助倒装的作用。

【译文】

颜渊死了，孔子为他哭得很悲痛。跟随的弟子说："您太悲伤了！"孔子说："太悲伤了吗？不为他这样的人悲伤，还能为谁悲伤呢？"

‖ 第十一章 ‖

颜渊死，门人欲厚葬之，子曰："不可①。"门人厚葬之。子曰："回也视予犹父也，予不得视犹子也。非我也，夫二三子也。"

❶ 不可：孔子认为颜渊家中贫困，死后厚葬不恰当。

【译文】

颜渊死了,孔子的学生想厚葬他。孔子说:"不行。"学生们还是厚葬了他。孔子说:"颜回看待我如同他父亲一样,(而现在)我却不能把他当儿子一般看待(为他的丧事定主意),(厚葬)不是我的主意呀,是那些学生们的主意啊。"

第十二章

季路问事鬼神。子曰:"未能事人,焉能事鬼?"曰:"敢问死。"曰:"未知生,焉知死?"

【译文】

季路问怎样侍奉鬼神。孔子说:"连活人都没有侍奉好,还怎么能去侍奉鬼神呢?"季路又问:"我冒昧地再问一下,死是怎么一回事?"孔子说:"生的道理都没有弄懂,怎么能够懂得死?"

第十三章

闵子侍侧①,訚訚如也②;子路,行行如也③;冉有、子贡,侃侃如也。子乐。"若由也,不得其死然。"

---

❶ 闵子:即闵子骞。后人敬称"子"。❷ 訚(yín)訚:和悦而能中正直言。❸ 行(hàng)行:形容性格刚强勇猛。

【译文】

陪立在孔子身边,闵子骞是一副恭敬正直的样子;子路,是刚强不屈的样子；冉有、子贡，是和颜悦色的样子。孔子很高兴。然而，孔子说："像仲由这样，只怕不能寿终而死。"

第十四章

鲁人为长府①。闵子骞曰："仍旧贯②，如之何？何必改作？"子曰："夫人不言，言必有中。"

---

❶ 长府：鲁国藏财货的库名。❷ 仍：因，沿袭。

【译文】

鲁国改建长府。闵子骞说："就照老样子，怎么样？为什么一定要改建呢？"孔子说："闵子骞这个人不爱说话，一旦说话就切中要害。"

第十五章

子曰："由之瑟奚为于丘之门①？"门人不敬子路。子曰："由也升堂矣，未入于室也②。"

---

❶ 旧注认为，子路气质刚勇，弹瑟发出的声音缺乏平和安详的音色旋律，所以孔子不喜欢。瑟（sè）：古代的一种乐器，与琴相似。❷ 升堂、入室：这里比喻做学问由浅入深的过程。

【译文】

孔子说："仲由弹瑟的水平，哪能配在我门下弹呢？"其他弟子因此瞧不起子路。孔子（因此又解释）说："仲由啊，（学问已经不错，但还没有达到精深的程度，就像）已经登上正厅了，还未能进入内室啊。"

第十六章

子贡问："师与商也孰贤①？"子曰："师也过，商也不及。"曰："然则师愈与？"子曰："过犹不及。"

---

❶ 师与商：师，颛孙师，字子张。商，卜商，字子夏。

【译文】

子贡问："颛孙师和卜商相比，哪个贤能？"孔子说："颛孙师做事过头，卜商做事又达不到要求。"子贡说："既然这样，颛孙师贤能一些，是吗？"孔子说："过了头和达不到，同样不好。"

第十七章

季氏富于周公，而求也为之聚敛而附益之①。子曰："非吾徒也！小子鸣鼓而攻之，可也。"

---

❶ 指冉求帮助季氏进行田赋改革以增加赋税一事。

【译文】

季氏比（周天子王朝的）周公还富有，然而冉求还为他搜刮、积聚，增加他的财富。孔子说："（冉求）不是我的弟子！弟子们，你们可以擂起鼓来大造声势地去声讨他。"

第十八章

柴也愚①，参也鲁，师也辟，由也喭②。

❶柴：指高柴，字子羔。孔子弟子。❷喭（yàn）：刚烈莽撞。

【译文】

高柴憨愚，曾参迟钝，颛孙师偏激，仲由莽撞。

第十九章

子曰："回也其庶乎，屡空①。赐不受命，而货殖焉，亿则屡中②。"

❶屡空：常常缺衣少食。❷亿：同"臆"，猜度。

【译文】

孔子说："颜回（的道德学问）可说是差不多了吧，但他常常缺衣少食。端木赐没有经过准许而去经商投机，猜测行情竟常常猜中。"

第二十章

子张问善人之道①。子曰："不践迹，亦不入于室②。"

❶善人：朱熹认为，"善人"是本质好而未经过学习的人。
❷入于室：即"到了家"，此处指学问、品德修养。

【译文】

子张问成为善人的方法。孔子说:"(善人)不踩着(前人的)足迹走,也就不能达到前人道德修养的境界。"

第二十一章

子曰:"论笃是与①,君子者乎?色庄者乎?"

---

❶ 论笃是与:等于"与论笃"。论笃,言论诚恳笃实的人。与,赞许。"是"无实义,起帮助"论笃"这一宾语提前的语法作用。

【译文】

孔子说:"(人们)称赞说话诚实的人,但这个人究竟是真君子呢,还是仅仅表面上伪装庄重正经呢?"

第二十二章

子路问:"闻斯行诸?"子曰:"有父兄在,如之何其闻斯行之?"冉有问:"闻斯行诸?"子曰:"闻斯行之。"公西华曰:"由也问'闻斯行诸',子曰'有父兄在';求也问'闻斯行诸',子曰'闻斯行之'。赤也惑,敢问。"子曰:"求也退,故进之;由也兼人①,故退之。"

---

❶ 兼人:指刚勇,敢作敢为,一个人能顶两个人。

【译文】

子路问道:"是不是听了就要照着去做呢?"孔子说:"还有父亲、兄长在上面,怎么能(不经请示)听了就去做呢?"冉有问道:"是不是听了就要照着去做呢?"孔子说:"听了就要去做。"公西华说:"仲由问'是不是听了就去做呢',您说'还有父亲、兄长在上面(要请示他们)';冉求问'是不是听了就去做呢',您说'听了就要去做'。我感到很迷惑(同一个问题为什么回答不同),冒昧地问一下原因何在。"孔子说:"冉求遇事总是犹豫退缩,所以要督促他去做;仲由胆大过人,所以要抑制约束他一下。"

‖ 第二十三章 ‖

子畏于匡,颜渊后。子曰:"吾以女为死矣。"曰:"子在,回何敢死①?"

---

❶ 子在,回何敢死:您如果死了,我才敢为您殉死。

【译文】

孔子(和他的弟子)在匡地被拘禁,(逃脱出来后)颜渊最后才赶上来。孔子说:"我以为你已经死了呢。"颜渊说:"您还活着,我颜回怎么敢死呢?"

‖ 第二十四章 ‖

季子然问①:"仲由、冉求可谓大臣与②?"子曰:"吾以子为异之问，曾由与求之问③。所谓大臣者，以道事君，不可则止。今由与求也，可谓具臣矣。"曰："然则从之者与？"子曰："弑父与君，亦不从也。"

❶季子然：鲁国季氏家族中的人。❷当时仲由、冉求担任季氏的家臣。❸曾（céng）：相当于"乃"，却，竟然的意思。

【译文】

季子然问道："仲由、冉求能否称得上重臣？"孔子说："我以为你要问别的人，哪知道问的竟是仲由、冉求。所谓重臣，要能按照合于仁道的做法去侍奉君主，如果行不通，就辞职不干。说到仲由与冉求，只能算是具备做大臣的才能。"（季子然）又问："既然这样，那么他们会一切听从（季氏）吗？"孔子说："如果是弑父杀君的事，他们是不会听从的。"

|| 第二十五章 ||

子路使子羔为费宰。子曰："贼夫人之子。"子路曰："有民人焉，有社稷焉①，何必读书，然后为学？"子曰："是故恶夫佞者。"

❶社稷：社，土神；稷，谷神。

【译文】

子路让子羔去做费地的长官。孔子说："这是害了人家的子弟。"子路说："那里有百姓，有土地和五谷（可以学到治民祭神的学问），为什么非要读书才叫作学问？"孔子说："所以，我讨厌强词夺理狡辩的人。"

第二十六章

子路、曾晳、冉有、公西华侍坐①。子曰："以吾一日长乎尔，毋吾以也。居则曰：'不吾知也。'如或知尔，则何以哉？"

子路率尔而对曰："千乘之国，摄乎大国之间，加之以师旅，因之以饥馑；由也为之，比及三年，可使有勇，且知方也。"

夫子哂之②。

"求，尔何如？"

对曰："方六七十，如五六十，求也为之，比及三年，可使足民。如其礼乐，以俟君子。"

"赤！尔何如？"

对曰："非曰能之，愿学焉。宗庙之事，如会同③，端章甫④，愿为小相焉。"

"点！尔何如？"

鼓瑟希，铿尔，舍瑟而作，对曰："异乎三子者之撰。"

子曰："何伤乎？亦各言其志也！"

曰："莫春者，春服既成，冠者五六人，童子六七人，浴乎沂⑤，风乎舞雩⑥，咏而归。"

夫子喟然叹曰⑦："吾与点也！"

三子者出，曾皙后。曾皙曰："夫三子者之言何如？"

子曰："亦各言其志也已矣！"

曰："夫子何哂由也？"

曰："为国以礼，其言不让，是故哂之。唯求则非邦也与？安见方六七十，如五六十而非邦也者？唯赤则非邦也与？宗庙会同，非诸侯而何？赤也为之小，孰能为之大？"

---

❶ 曾皙：名点，字子皙，曾参之父，也是孔子弟子。❷ 哂：讥讽地微笑。❸ 会同：古代诸侯不在规定的时间去朝见天子，叫"会"，与其他诸侯一起去朝见，叫"同"。后两君相见也叫"会"。❹ 端：玄端，当代礼服的名称。章甫：古代礼帽的名称。❺ 沂：水名。源出曲阜东南尼山，流经曲阜城南注入泗水。❻ 舞雩：祭天求雨的地方，有坛有树木。雩，本是求雨的祭名，雩祭时，伴有舞蹈，故称舞雩。❼ 喟（kuì）：叹息。

【译文】

子路、曾皙、冉有、公西华陪坐在孔子身边。孔子说："因我年岁比你们都大，但你们不要对此介意而拘束。你们平日闲居时总是说：'没有人了解我啊！'如果有人了解你们（并任用你们），那你们准备怎么办呢？"

子路脱口就答道："如果有一个千乘之国，夹在大国的中间，遭受外国军队的侵犯，国内又连年闹饥荒，让我去治理这个国家，只需三年，便可使那里人人有勇气，个个懂道义。"

孔子（听了）淡然一笑。

（接着又问）"冉求，你打算怎样？"

（冉求）回答道："方圆六七十里，或五六十里的地方，由我去治理，三年后，可使那里的百姓生活富足；至于那里的礼乐教化，就有待贤人君子去施行了。"

（孔子又问）"公西赤，你怎么样？"

（公西赤）回答道："不敢说我能担任，只是愿意向这方面学习。宗庙祭祀的事，或同别的国家举行盟会时，穿上玄端礼服戴上章甫礼帽，我愿当一个小小的司仪。"

（孔子又问）"曾点，你怎么样？"

弹瑟的声音稀疏了，"铿"地一声停了下来，（曾点）放下瑟起身回答道："我的志向跟他们三位的不同。"

孔子说："有什么关系呢？只不过各自谈谈自己的打算罢了。"

（曾点）说："暮春时节，春天的衣服已经穿在身上，约上五六个成年人，带上六七个小孩，到沂水中洗一洗，在舞雩台上吹吹风，然后一路唱着歌走回来。"

孔子长叹一声说："我赞同曾点（的想法）啊！"

子路等三人走出了门，曾晳最后走。（曾晳）问道："他们三人所说的怎样？"

孔子说："不过是各人谈谈自己的打算罢了。"

（曾晳）问："那您为什么要笑仲由呢？"

孔子说："治理国家应当讲求礼让，而他谈话却不谦虚，因此要笑他。"（曾晳说）"难道冉求所说的就不是（治理）国家吗？"（孔子说）"哪里有方圆六七十里或五六十里的地方还称不上一个国家的呢？"（曾晳说）"难道公西赤所说的就不是（治理）国家吗？""宗庙祭祀，同外国盟会，这不是诸侯国的事又是什么？他如果只能做国家的小司仪，谁又能做大司仪呢？（可见他们两人都比仲由谦虚啊。）"

颜渊篇第十二

|| 第一章 ||

颜渊问仁。子曰:"克己复礼为仁。一日克己复礼,天下归仁焉。为仁由己,而由人乎哉?"颜渊曰:"请问其目①。"子曰:"非礼勿视,非礼勿听,非礼勿言,非礼勿动。"颜渊曰:"回虽不敏,请事斯语矣。"

❶ 目:纲目,条目,具体要点。

【译文】

颜渊问什么是仁。孔子说:"克制自己,言行符合礼就是仁。一旦做到这样,天下就会归于仁德了。修养仁德全在于自己,能靠别人吗?"颜渊说:"请问修养仁德的具体条目。"孔子说:"不符合礼的东西,不看;不符合礼的话,不听;不符合礼的话,不说;不符合礼的事,不做。"颜渊说:"我即使不才,也请让我照着先生的这番话去做吧。"

|| 第二章 ||

仲弓问仁①。子曰:"出门如见大宾,使民如承大祭。己所不欲,勿施于人。在邦无怨,在家无怨。"仲弓曰:"雍虽不敏,请事斯语矣。"

❶ 仲弓：冉雍，字仲弓。

【译文】

仲弓问怎样做到仁。孔子说："平常出门就像要去见贵宾一样庄重，使唤差遣百姓就像对待重要祭典一般严肃。自己不喜欢的事，不强加给别人。在诸侯那里任职，没有人怨恨你，在卿大夫那里任职，也没有人怨恨你。"仲弓说："我虽然不才，也请让我照着先生的这番话去做吧。"

|| 第三章 ||

司马牛问仁①。子曰："仁者，其言也讱②。"曰："其言也讱，斯谓之仁已乎？"子曰："为之难，言之得无讱乎？"

❶ 司马牛：姓司马，名耕，字子牛。孔子弟子。❷ 讱（rèn）：不轻易出言，说话谨慎。

【译文】

司马牛问什么是仁。孔子说："仁人，他的话是谨慎的。"司马牛又问："说话谨慎，这就算仁了吗？"孔子说："事情总是做起来难，说起话来能不谨慎吗？"

|| 第四章 ||

司马牛问君子。子曰："君子不忧不惧。"曰："不忧不

惧，斯谓之君子已乎？"子曰："内省不疚①，夫何忧何惧？"

❶疚：对于自己的错误感到内心惭愧，痛苦不安。

【译文】

司马牛问怎样才算是君子。孔子说："君子不忧愁，不恐惧。"（司马牛）问："不忧愁，不恐惧，这样就能称君子了吗？"孔子说："反省自己而无所愧疚，那还有什么可忧愁、恐惧的呢？"

|| 第五章 ||

司马牛忧曰："人皆有兄弟，我独亡①。"子夏曰："商闻之矣：死生有命，富贵在天。君子敬而无失，与人恭而有礼。四海之内，皆兄弟也。君子何患乎无兄弟也？"

❶亡：同"无"。

【译文】

司马牛忧伤地说："别人都有兄弟，惟独我没有。"子夏说："我听说过这么一句话：死生各有命运主宰，富贵都是上天安排。君子只要做事严肃认真，没有过失，对待别人恭敬有礼，那天下的人，都是你的兄弟。君子何必愁没有兄弟呢？"

|| 第六章 ||

子张问明。子曰："浸润之谮①，肤受之愬②，不行焉，

可谓明也已矣。浸润之谮❶，肤受之愬❷，不行焉，可谓远也已矣。"

❶谮（zèn）：诬陷、中伤人的谗言。❷愬（sù）：诬告。

【译文】

子张问孔子什么是明见远识。孔子说："像水那样慢慢渗透，日积月累的谗言，以及骤然而至令人感到切肤之痛的诽谤，你能不被其左右，在你那里行不通，那你就可以称得上有明见了。像水那样慢慢渗透，日积月累的谗言，以及骤然而至令人感到切肤之痛的诽谤，你能不被其左右，在你那里行不通，那你就可以称得上有远识了。"

|| 第七章 ||

子贡问政。子曰："足食，足兵①，民信之矣。"子贡曰："必不得已而去，于斯三者何先？"曰："去兵。"子贡曰："必不得已而去，于斯二者何先？"曰："去食。自古皆有死，民无信不立。"

❶兵：兵器，武器。这里指军备。

【译文】

子贡问怎样处理政事。孔子说："（要使）粮食充足，军备充足，百姓信任政府。"子贡问："如果不得已要在粮食、军备、百姓信任政府这三者中去掉一项，那么哪一项先去掉？"孔子说："去掉军备。"子贡又问："如果不得已再去掉一项，那么在剩下的粮食、百姓信任政府两项中先去掉哪一项？"孔子说："去掉粮食。自古以来谁都免不了一死，而百姓不信任政府，它就站立不住。"

第八章

棘子成曰①："君子质而已矣②，何以文为③？"子贡曰："惜乎！夫子之说君子也！驷不及舌。文犹质也，质犹文也。虎豹之鞟犹犬羊之鞟④。"

❶棘子成：卫国大夫。❷质：质地。此指思想品质。❸文：文采。此指礼节仪式。❹鞟（kuò）：去掉了毛的兽皮。

【译文】

棘子成说："君子只需质朴就行了，为什么还要那些仪节、形式？"子贡说："先生这样谈论君子，真遗憾呀！话已出口，四匹马也追赶不回来了。思想品质和礼节仪式同等重要。如果把虎豹的皮和犬羊的皮都去掉花纹和色彩，那么这两类皮革就一样了。"

第九章

哀公问于有若曰："年饥，用不足，如之何？"有若对曰："盍彻乎①？"曰："二，吾犹不足，如之何其彻也？"对曰："百姓足，君孰与不足？百姓不足，君孰与足？"

❶彻：周代的一种田税制度，以收获量的十分之一作为田税。

【译文】

鲁哀公问有若说:"如果遇到收成不好,国家财用不足,怎么办?"有若回答说:"为什么不实行十成抽一的税法呢?"哀公说:"十抽二,我还不够,哪能改用十抽一的税法呢?"有若回答说:"如果百姓够用了,您怎么会不够用呢?如果百姓不够用,您又怎么会够用呢?"

|| 第十章 ||

子张问崇德辨惑。子曰:"主忠信,徙义,崇德也。爱之欲其生,恶之欲其死。既欲其生,又欲其死,是惑也。'诚不以富,亦只以异①。'"

---

❶ 诚不以富,亦只以异:出自《诗经·小雅·我行其野》,但原句诗意与本章之旨很不契合,孔子引用在此,大约是断章取义,不必拘泥于原意理解。

【译文】

子张问怎样提高品德,辨别是非。孔子说:"以忠信为宗旨,遵从道义,就能提高品德。爱一个人,就希望他长寿不死,厌恶他,就巴望他立即死掉。既希望他长寿不死,又巴望他立即死掉,这样(好恶无常)便是不辨是非。(《诗经》上说)这样做'肯定不会因此得到好处,只会使人觉得怪异罢了。'"

|| 第十一章 ||

齐景公问政于孔子①。孔子对曰:"君君,臣臣,父父,子子。"公曰:"善哉!信如君不君,臣不臣,父不父,子不子,虽有粟,吾得而食诸?"

---

❶ 齐景公:齐庄公异母弟。鲁昭公末年,孔子到齐国时,齐大夫陈氏权势日重,而齐景公爱奢侈,厚赋敛,施重刑,不立太子,不听从晏婴的劝谏,国内政治混乱。所以,当齐景公问政时,孔子作了以上的回答。景公虽然口头上赞许孔子的意见,却未能真正采纳实行,为君而不尽君道,后来齐国终于被陈氏篡夺。

【译文】

齐景公问孔子怎样治理好国家。孔子回答说:"国君要像国君的样子,臣子要像臣子的样子,父亲要像父亲的样子,儿子要像儿子的样子。"齐景公说:"好极了!真要是君不像君,臣不像臣,父不像父,子不像子,即使有粮食,我能吃得到吗?"

|| 第十二章 ||

子曰:"片言可以折狱者,其由也与?"子路无宿诺①。

---

❶ 子路无宿诺:这一句,朱熹认为是《论语》的编者因上一句的内容而附记在这里的,借以说明子路平时诚实守信,使人受到感化,因而也在他面前讲真话。但唐陆德明《经典释文》说,有将此句另作一章的。

【译文】

孔子说:"根据一方的言辞就能判定案情的,大概只有仲由吧!"子路履行诺言,从不拖延(子路为人忠信果决,做事雷厉风行,人们信服他,在他面前不弄虚作假,因此他可以只听一面之词,就可断案)。

‖ 第十三章 ‖

子曰:"听讼①,吾犹人也。必也使无讼乎!"

❶ 听:判断,审理,处理。

【译文】

孔子说:"审理诉讼案件,我同别人是一样的。(所不同的是)务必使诉讼案件不发生才好!"

‖ 第十四章 ‖

子张问政。子曰:"居之无倦,行之以忠。"

【译文】

子张问怎样从事政治。孔子说:"身居官位不要厌倦懈怠,施行政事要尽忠心。"

第十五章

子曰:"博学于文,约之以礼,亦可以弗畔矣夫①!"

---

❶ 此章见《雍也》篇第二十七章。

【译文】

孔子说:"广泛地学习文化典籍,并且用礼来约束自己,也就可以做到不背离正道了呀!"

第十六章

子曰:"君子成人之美,不成人之恶。小人反是。"

【译文】

孔子说:"君子要成全别人的好事,不要促成别人的坏事。小人的做法恰好与这相反。"

第十七章

季康子问政于孔子。孔子对曰:"政者,正也。子帅以正,孰敢不正?"

【译文】

季康子问孔子怎样搞好政治。孔子回答说:"'政'这个字的意思就是'正',您如果带头走正道,谁敢不走正道?"

第十八章

季康子患盗,问于孔子。孔子对曰:"苟子之不欲①,虽赏之不窃。"

---

❶ 苟:假如,如果。

【译文】

季康子苦于盗贼的猖狂,问孔子怎么办。孔子回答说:"假如您自己不贪图财资,即使奖励他们去盗窃,他们也是不会干的。"

第十九章

季康子问政于孔子曰:"如杀无道,以就有道,何如?"孔子对曰:"子为政,焉用杀?子欲善而民善矣。君子之德风,小人之德草。草上之风,必偃①。"

---

❶ 偃:仆倒,倒下。

【译文】

季康子就怎样执政的问题请教孔子,说:"如果杀掉坏人,以此来使人们走正道,怎么样?"孔子回答说:"您治理政事,哪用得着杀人?您行善,百姓的德行自然也会好的。君子的德行好比是风,百姓的德行好比是草。风吹在草上,草必定随风而倒。"

第二十章

子张问："士何如斯可谓之达矣①？"子曰："何哉，尔所谓达者？"子张对曰："在邦必闻②，在家必闻。"子曰："是闻也，非达也。夫达也者，质直而好义，察言而观色，虑以下人。在邦必达，在家必达。夫闻也者，色取仁而行违，居之不疑。在邦必闻，在家必闻。"

---

❶ 达：通达，显达，处事通情达理，做官地位显贵。❷ 闻：有名声，名望。

【译文】

子张问道："一个读书人，怎样做才可以叫通达呢？"孔子说："你所说的通达，是指什么呢？"子张回答说："在诸侯国任职一定有名望，在卿大夫那里任职也一定有名望。"孔子说："这叫名望而不叫通达。所谓通达，是品质正直，爱好道义，善于察言观色，对人谦让。（这种人）在诸侯国任职必然会通达，在卿大夫那里任职也必然会通达。至于有名望，表面上装出仁德的样子，而行动上违背仁德，并且以仁人自居还心安理得。（这种人）在诸侯国任职时必定会骗取名望，在卿大夫那里任职时也必定会骗取名望。"

第二十一章

樊迟从游于舞雩之下，曰："敢问崇德，修慝①，辨惑。"子曰："善哉问！先事后得，非崇德与？攻其恶，无攻人之恶，非修慝与？一朝之忿，忘其身，以及其亲，非惑与？"

❶ 慝（tè）：邪恶的念头。

【译文】

樊迟跟着孔子在舞雩台下漫步，问道："请问怎样提高品德，除去邪念，廓清疑惑？"孔子说："这个问题问得好啊！事情争先去做，好处最后去得，不就是提高品德了吗？批评自己的缺点，不指责别人的缺点，不就除去邪念了吗？忍不住一时的忿恨，忘了自己的性命安危，以至于连累自己的亲人，这不是糊涂吗？"

|| 第二十二章 ||

樊迟问仁。子曰："爱人。"问知。子曰："知人。"樊迟未达。子曰："举直错诸枉，能使枉者直。"樊迟退，见子夏，曰："乡也吾见于夫子而问知，子曰：'举直错诸枉，能使枉者直。'何谓也？"子夏曰："富哉言乎！舜有天下，选于众，举皋陶❶，不仁者远矣。汤有天下，选于众，举伊尹❷，不仁者远矣。"

❶皋陶：传说是舜的贤臣。❷伊尹：传说是汤的臣子。

【译文】

樊迟问什么是仁。孔子说："爱人。"樊迟又问什么是智。孔子说："能识别人。"樊迟没有理解。孔子又说："把正直的人提拔出来，使他们的地位在不正直的人之上，能使不正直的人正直起来。"樊迟退出来，见了子夏说："刚才我去见老师，问他什么是智，他说，'把正直人的地位提拔到不正直的人之上，能使不正直的人变得正直起来。'这话什么意思呢？"子夏说："这句话含义丰富啊！（从前）舜拥有天下，在众人中挑选，从中提拔了皋陶，那些不仁的人就远离了。汤拥有天下，在众人中挑选，从中提拔了伊尹，不仁的人就远离了。"

第二十三章

子贡问友。子曰："忠告而善道之①，不可则止，毋自辱焉②。"

❶道：同"导"，引导，诱导。❷毋：不要。

【译文】

子贡问怎样交友。孔子说："（如果朋友有了错误）真心诚意地劝告他，好好地引导他，如果他不听，就应该停止，不要自找侮辱。"

第二十四章

曾子曰："君子以文会友，以友辅仁。"

【译文】

曾子说："君子靠文章学问结交朋友，靠朋友的交往来帮助培养仁德。"

子路篇第十三

|| 第一章 ||

子路问政。子曰:"先之劳之①。"请益。曰:"无倦。"

---

❶先:导,引导,教导。

【译文】

子路问怎样管理政事。孔子说:"自己带头去做,然后役使百姓去做。"子路请求多讲一点儿,孔子说:"(按上面说的去做)不要倦怠。"

|| 第二章 ||

仲弓为季氏宰,问政。子曰:"先有司①,赦小过,举贤才。"曰:"焉知贤才而举之?"子曰:"举尔所知;尔所不知,人其舍诸?"

---

❶有司:管理各项具体事务的官吏,主官的下属。

【译文】

仲弓担任季氏的家臣,问孔子怎样管理政事。孔子说:"对手下办事的人,宽恕他们的小过错,选拔贤能的人才。"仲弓问:"怎么知道哪些是贤能的人而提拔他们呢?"孔子说:"提拔你所了解的人;至于你所不了解的人,别人难道会把他们埋没了吗?"

|| 第三章 ||

子路曰:"卫君待子而为政①,子将奚先②?"子曰:"必也正名乎!"子路曰:"有是哉,子之迂也!奚其正?"子曰:"野哉,由也!君子于其所不知,盖阙如也③。名不正,则言不顺;言不顺,则事不成;事不成,则礼乐不兴;礼乐不兴,则刑罚不中;刑罚不中,则民无所错手足④。故君子名之必可言也,言之必可行也。君子于其言,无所苟而已矣。"

---

❶卫君:卫出公蒯辄。❷奚:何,什么。❸阙如:存疑;对还没搞清楚的疑难问题暂时搁置,不下判断;对缺乏确凿根据的事,不武断,不妄说。阙,同"缺"。❹错:同"措",放置,安排,处置。

【译文】

子路对孔子说:"如果卫国国君等您去主持政事,您打算先做什么事?"孔子说:"必定是先正名分呀!"子路说:"您真的迂腐到这个地步啊!要正什么名分?"孔子说:"仲由,你真粗野无礼啊!君子对于他所不懂的道理,大概都应采取存疑的态度。名分不正,说话就不顺理;说话不顺理,事情就办不成;事情办不成,礼乐制度就建立不起来;礼乐制度建立不起来,运用刑罚就不得当;刑罚不得当,百姓就会手足无措。所以君子确定一个名分,必定是能说得清楚的,能说得清楚必定是行得通的。君子对于自己说的话,没有一点随便、马虎才行呢。"

第四章

樊迟请学稼。子曰:"吾不如老农。"请学为圃。曰:"吾不如老圃。"樊迟出。子曰:"小人哉,樊须也①!上好礼,则民莫敢不敬;上好义,则民莫敢不服;上好信,则民莫敢不用情。夫如是,则四方之民襁负其子而至矣②,焉用稼?"

---

❶樊须:即樊迟。❷襁(qiǎng):又称背单,背负小孩用的布单或布带。

【译文】

樊迟向孔子请教种庄稼。孔子说:"这我不如老农民。"又请教种菜。孔子说:"这我不如老菜农。"樊迟退了出去。孔子说:"这个樊须真是没见识的小人啊!当权者爱好礼仪,百姓就没有谁敢不尊敬;当权者爱好道义,百姓就没有谁敢不服从;当权者爱好诚信,百姓就没有谁敢不以真心待人。如果这样做的话,四方的百姓就会背着孩子来投奔,哪用得着自己去种庄稼呢?"

第五章

子曰:"诵《诗》三百,授之以政,不达①;使于四方,不能专对②,虽多,亦奚以为③?"

---

❶达:通达,通晓;会处理,会运用。❷专对:即根据外交的具体情况,随机应变,独立行事,回答问题,办理交涉。❸为:句末语气助词,表示感慨或疑问。

【译文】

孔子说:"熟读了《诗经》三百篇,交给他政事,却办不通;出使到了外国,却不能独立地应对,(像这样)即使读得再多,又有什么用呢?"

|| 第六章 ||

子曰:"其身正,不令而行;其身不正,虽令不从。"

【译文】

孔子说:"当权者如果自身品行端正,那么不用号令,百姓就会去做;如果自身品行不端正,那么即使发了号令,百姓也不会服从。"

|| 第七章 ||

子曰:"鲁卫之政①,兄弟也。"

---

❶ 鲁卫之政:鲁国是周公(姬旦)的封地,卫国是周公的弟弟康叔的封地。鲁、卫本兄弟之国,后来衰乱又相似,孔子遂有这样的感叹。

【译文】

孔子说:"鲁国和卫国的政事,像兄弟一样(相似)。"

第八章

子谓卫公子荆,"善居室①。始有,曰:'苟合矣②。'少有,曰:'苟完矣。'富有,曰:'苟美矣。'"

❶善居室:善于管理家业和财务经济,会过日子。❷苟:差不多,也算是。

【译文】

孔子谈到卫国的公子荆时说:"他善于理财管家。开始有了一点儿家产时,便说:'凑合够用了。'财物稍微增加了一点时,便说:'差不多完备了。'财物比较富足时,便说:'差不多是完美了。'"

第九章

子适卫,冉有仆。子曰:"庶矣哉①!"冉有曰:"既庶矣,又何加焉?"曰:"富之。"曰:"既富矣,又何加焉?"曰:"教之。"

❶庶(shù):多。

【译文】

孔子到卫国去,冉有驾车。孔子说:"(卫国)人真多啊!"冉有问:"人口已经多了,进一步该怎么办?"孔子说:"让他们富裕。"又问:"富裕之后,再进一步又该怎么办?"孔子说:"教育他们。"

第十章

子曰:"苟有用我者,期月而已可也①,三年有成。"

---

❶ 期月:一年十二个月,即一周年。

【译文】

孔子说:"假如有人任用我治理国家,一年便能有所起色,三年便能大见成效。"

第十一章

子曰:"'善人为邦百年,亦可以胜残去杀矣。'诚哉是言也①!"

---

❶ 是:代词。这,此。

【译文】

孔子说:"'善人治理国家一百年,也就可以战胜残暴,免除杀戮了。'这话确实正确啊!"

第十二章

子曰:"如有王者①,必世而后仁②。"

---

❶ 王者:能治国安邦、以德行仁的贤明君王。❷ 世:三十年是

一世。

【译文】

孔子说:"即使有圣明的君王出现,也必定要执政三十年才能建成仁德的社会。"

第十三章

子曰:"苟正其身矣,于从政乎何有?不能正其身,如正人何?"

【译文】

孔子说:"假如自身品行已经端正了,那么治理政事还会有什么困难呢?假如不能端正自身品行,又怎么去端正别人?"

第十四章

冉子退朝。子曰:"何晏也①?"对曰:"有政。"子曰:"其事也。如有政,虽不吾以,吾其与闻之。"

---

❶ 晏(yàn):晚,迟。

【译文】

冉有退朝回来,孔子问:"为什么回来这么晚?"冉有答道:"有政事要商讨。"孔子说:"大概是平常事务吧。如果有政事,虽然现在我没被任用,但我也会知道的。"

第十五章

定公问："一言而可以兴邦，有诸？"孔子对曰："言不可以若是其几也①。人之言曰：'为君难，为臣不易。'如知为君之难也，不几乎一言而兴邦乎？"曰："一言而丧邦，有诸？"孔子对曰："言不可以若是其几也。人之言曰：'予无乐乎为君，唯其言而莫予违也。'如其善而莫之违也，不亦善乎？如不善而莫之违也，不几乎一言而丧邦乎？"

---

❶ 几（jī）：将近，接近。

【译文】

鲁定公问："一句话可以使国家兴旺，有这种情况吗？"孔子回答说："一句话的效力不可能像这样，但接近这样效力的话或许是有的。有人说：'做国君难，做臣子也不容易。'如果懂得做国君难，（就会严肃认真地去做）这不差不多是一句话使国家兴旺了吗？"（鲁定公又）问："一句话可以使国家灭亡，有这种情况吗？"孔子回答说："一句话的效力不可能像这样，但接近这样效力的话或许是有的。有人说：'我做国君没有感受到什么快乐，唯一的快乐是我的话没有人敢违抗。'如果他的话正确而没有人违抗，不也是好事么？如果不正确而没有人违抗，不就差不多是一句话使国家灭亡了吗？"

第十六章

叶公问政①。子曰："近者说，远者来。"

❶叶公：姓沈，名诸梁，楚国大夫。

【译文】

叶公问孔子怎样执政。孔子说："要使您近处的人高兴愉快，使离您远的人来投奔您。"

第十七章

子夏为莒父宰①，问政。子曰："无欲速，无见小利。欲速，则不达，见小利，则大事不成。"

❶莒父：鲁国的一个小城邑。

【译文】

子夏担任莒父城的长官，问孔子怎样办好政事。孔子说："不要只求快，不要只贪图小利。只企求快反而达不到目的，只贪图小利就成不了大事。"

第十八章

叶公语孔子曰："吾党有直躬者，其父攘羊，而子证之。"孔子曰："吾党之直者异于是：父为子隐，子为父隐。直在其中矣①。"

❶在孔子看来，父子互为隐瞒，是天理人情的率直表现，故这么说。

【译文】

叶公告诉孔子说:"我们那里有个坦白直率的人,他父亲偷了羊,(他作为)儿子便出来告发。"孔子说:"我们那里坦白直率的人跟你们的不一样:父亲为儿子隐瞒,儿子为父亲隐瞒,我们那里的直率就体现在这里了。"

第十九章

樊迟问仁。子曰:"居处恭①,执事敬②,与人忠③。虽之夷狄④,不可弃也。"

---

❶恭:恭敬庄重。❷敬:严肃认真。❸忠:忠诚恳切。❹之:动词。到,去,往。

【译文】

樊迟问什么是仁。孔子说:"平常在家恭敬庄重,(在外)办事严肃认真,对待别人忠诚恳切。(这三种品德)即使到了边远少数民族地方,也是不能丢弃的。"

第二十章

子贡问曰:"何如斯可谓之士矣?"子曰:"行己有耻,使于四方,不辱君命,可谓士矣。"曰:"敢问其次。"曰:"宗族称孝焉,乡党称弟焉①。"曰:"敢问其次。"曰:"言必信,行必果。硁硁然小人哉②!抑亦可以为次矣。"曰:"今之从政者何如？"子曰："噫！斗筲之人③，何足算也！"

❶弟：同"悌"，尊敬兄长。❷硁（kēng）：敲打石头的声音。硁硁然：形容浅薄固执的样子。❸斗筲：比喻见识和器量狭小。筲，古代的饭筐，能容二升。

【译文】

子贡问道："怎样才配称作士？"孔子说："能用羞耻之心约束自己的行为，出使外国，不辱没国君使命，就配称作士了。"子贡说："请问次一等的。"孔子说："宗族称赞他孝顺父母，家乡人称赞他敬重兄长。"子贡说："请问再次一等的。"孔子说："说话一定讲信用，做事一定果断。这本是（不懂变通的）固执的小人呀！不过也可以算是再次一等的士了。"子贡问："现在那些执政的人怎样？"孔子说："唉！都是些器量狭小的人，哪里值得一提啊！"

|| 第二十一章 ||

子曰："不得中行而与之①，必也狂狷乎②！狂者进取，狷者有所不为也。"

❶中行：合乎中庸之道的言行。❷狷（juàn）：指为人耿直拘谨，洁身自好，安分守己，不求有所作为亦不肯同流合污。

【译文】

孔子说："找不到言行合乎中庸之道的人交往，那必定要同激进的人和耿直的人交往了！激进的人敢于进取，耿直的人不（至于）做坏事。"

第二十二章

子曰:"南人有言曰:'人而无恒①,不可以作巫医②。'善夫!"

"不恒其德,或承之羞。"子曰:"不占而已矣。"

❶ 无恒:古人认为没有恒心是不吉利的。❷ 巫医:古代称占筮的为"巫",往往兼作治病的"医",所以巫医可以通称。这里说"不可以作巫医",实际指的是巫。《礼记·缁衣》篇说:"南人有言曰:人而无恒,不可为卜筮。"可以为证。

【译文】

孔子说:"南方人有句话说:'做人如果没有恒心,就不可以当巫医。'这句话说得好啊!"

(《易经·恒卦》《爻辞》说)"不能长久保持德操,难免遭受羞辱。"孔子说:"(这种人)不用占卜(也肯定知道是这种结果)了。"

第二十三章

子曰:"君子和而不同①,小人同而不和。"

❶ 和:和谐,调和,互相协调。同:相同,同类,同一。

【译文】

孔子说:"君子求和谐共处但不盲目附和,小人盲目附和却不求和谐相处。"

第二十四章

子贡问曰:"乡人皆好之①,何如?"子曰:"未可也。""乡人皆恶之②,何如?"子曰:"未可也。不如乡人之善者好之,其不善者恶之。"

---

❶好(hào):喜爱,称道,赞扬。❷恶(wù):憎恨,讨厌。

【译文】

子贡问道:"全乡的人都喜欢的人,您觉得这个人怎么样?"孔子说:"还不能认定他好。"(子贡又问)"全乡的人都讨厌的人,您觉得这个人怎么样?"孔子说:"还不能认定他不好。不如全乡的好人都喜欢他,全乡的坏人都讨厌他(这样的人才能认定他好)。"

第二十五章

子曰:"君子易事而难说也①。说之不以道;不说也。及其使人也,器之。小人难事而易说也。说之虽不以道,说也;及其使人也,求备焉。"

---

❶易事:易与共事,给他做事容易。说:同"悦"。

【译文】

孔子说:"给君子做事容易,但难于讨他喜欢。不用正当的方式讨他喜欢,他是不会高兴的;等到他任用人时,他能量才任用。给小人做事难,但却容易博得他喜欢。即使用不正当的方式博他喜欢,他也会高兴;等到他任用人时,却百般挑剔,样样求全责备。"

第二十六章

子曰:"君子泰而不骄,小人骄而不泰。"

【译文】

孔子说:"君子心情坦然而不骄傲自大,小人骄傲自大而不坦然。"

第二十七章

子曰:"刚、毅、木①、讷②,近仁。"

❶木:质朴,朴实,憨厚老实。❷讷:说话迟钝。引申为言语非常谨慎,不肯轻易说话。

【译文】

孔子说:"刚强、坚毅、朴实、言语谨慎,这些接近于仁的品德。"

第二十八章

子路问曰:"何如斯可谓之士矣?"子曰:"切切偲偲①,怡怡如也②,可谓士矣。朋友切切偲偲,兄弟怡怡。"

❶切切偲(sī)偲:恳切地责勉、告诫,善意地互相批评;相互切磋,相互督促,和睦相处。❷怡怡:和顺友好的样子。

【译文】

子路问道:"怎样才可以配称作士?"孔子说:"相互之间能恳切批评,和睦相处,可以称作士了。朋友之间相互批评,兄弟之间和睦相处。"

第二十九章

子曰:"善人教民七年①,亦可以即戎矣②。"

---

❶ 善人:有作为的领导人。❷ 即:靠近,从事,参与。

【译文】

孔子说:"善人教导民众七年,也可以让他们当兵打仗了。"

第三十章

子曰:"以不教民战①,是谓弃之。"

---

❶ 不教民:即"不教之民"。没有经过军事训练的人。

【译文】

孔子说:"用未经军事训练的民众打仗,这可以说是抛弃他们。"

宪问篇第十四

||第一章||

宪问耻①。子曰:"邦有道,谷;邦无道,谷,耻也。""克、伐、怨、欲不行焉,可以为仁矣?"子曰:"可以为难矣,仁则吾不知也。"

---

❶ 宪:姓原,名宪,字子思。孔子的学生。

【译文】

原宪问什么是耻辱。孔子说:"国家有道时,可以做官享用俸禄;国家无道时,还做官享用俸禄,这就是耻辱。"(原宪又问)"好胜、自夸、怨恨、贪欲,这些毛病都没有,可以算是仁了吧?"孔子说:"可以说是难能可贵的了,至于是否算仁,我不知道。"

||第二章||

子曰:"士而怀居①,不足以为士矣。"

---

❶ 怀:留恋,思念。

【译文】

孔子说:"一个士(人)如果眷恋在家的安逸生活,就不配称作士(人)了。"

第三章

子曰:"邦有道,危言危行①;邦无道,危行言孙②。"

❶危:正、正直。❷孙(xùn):同"逊",谦逊,恭顺。

【译文】

孔子说:"国家有道时,要正直地说话,正直地做人;国家政治昏乱时,要正直地做人,说话却要小心谨慎。"

第四章

子曰:"有德者必有言,有言者不必有德。仁者必有勇,勇者不必有仁。"

【译文】

孔子说:"有德行的人必定有好言论,有好言论的人不一定就有德行。仁人必定勇敢,勇敢的人不一定就有仁德。"

第五章

南宫适问于孔子曰①:"羿善射②,奡荡舟③,俱不得其死然。禹、稷躬稼而有天下④。"夫子不答。南宫适出。子曰:"君子哉若人!尚德哉若人!"

❶南宫适(kuò):即孔子弟子南容。❷羿(yì):古代传说中

有三个羿，都是射箭能手。这里指夏代有穷国的君主，曾篡夺夏太康的王位，后被其臣寒浞（zhuó）杀掉。❸奡（ào）：传说是一个善于水战的大力士，后被夏少康所杀。荡舟：指水战。❹禹、稷：禹，传说是尧、舜之臣，因治水有功，继承了舜的帝位，成为夏代开国君主。稷，即后稷，名弃，舜时农官，曾教民农作，后封于邰，是周朝先祖。

【译文】

南宫适问孔子，说："羿擅长射箭，奡擅长水战，但都没有一个好结果。禹和稷亲自耕种，却得了天下。"孔子没有答话。南宫适退出。孔子说："这个人真是君子啊！这个人真是崇尚道德啊！"

|| 第六章 ||

子曰："君子而不仁者有矣夫，未有小人而仁者也。"

【译文】

孔子说："君子里面不仁的人是有的，但小人里面却没有有仁德的人。"

|| 第七章 ||

子曰："爱之，能勿劳乎①？忠焉，能勿诲乎？"

❶劳：勤劳，劳苦，操劳。此有进行劳动教育的含意。

【译文】

孔子说:"爱一个人,能不让他勤劳吗?诚心对待一个人,能不教诲他吗?"

第八章

子曰:"为命①,裨谌草创之②,世叔讨论之③,行人子羽修饰之④,东里子产润色之⑤。"

---

❶ 为命:起草政令或制定外交文书。❷ 裨谌(pí chén):郑国大夫。❸ 世叔:郑国大夫。❹ 行人子羽:行人,官名,管朝觐聘问等外事;子羽,郑国大夫公孙挥的字。❺ 东里子产:郑国大夫。东里是地名,子产所居之地。

【译文】

孔子说:"(郑国)制定外交政策法令,先由裨谌起草,再由世叔审议,然后由外交官子羽修改加工,最后由东里子产进行文字上的润色修饰完成。"

第九章

或问子产①,子曰:"惠人也。"问子西②,曰:"彼哉!彼哉!"问管仲③,曰:"人也。夺伯氏骈邑三百④,饭疏食,没齿无怨言。"

❶子产：见《公冶长》篇第十六章注。❷子西：即郑子西，与子产为同宗兄弟，因两人在郑相继执政，而使优劣相形易见。下说"彼哉！彼哉！"含有不值得称许之意。❸管仲：见《八佾》篇第二十二章注。❹伯氏：齐国大夫，因罪被管仲依法下令剥夺采邑三百户。由于管仲执法公允，故伯氏至死无怨言。骈（pián）邑：齐国地名。

【译文】

有人问子产是个怎样的人，孔子说："是个宽厚慈爱的人。"又问到子西，孔子说："他呀！他呀！"又问到管仲，孔子说："是个人才。他剥夺了伯氏骈邑三百户的封地，使伯氏只得吃粗粮过日子，但至死（他对管仲）都没有怨言。"

第十章

子曰："贫而无怨难，富而无骄易。"

【译文】

孔子说："贫困但没有怨恨，很难做到；富有却不傲慢，则容易做到。"

第十一章

子曰："孟公绰为赵魏老则优①，不可以为滕、薛大夫②。"

❶ **孟公绰**：鲁国大夫，为人清静寡欲，受孔子尊敬。**老**：大夫的家臣称为老。**优**：宽绰，有余裕。❷ **滕、薛**：春秋时的两个小国，都在鲁国附近。赵氏、魏氏手下贤人多，家臣清闲，故孟公绰足可担任；而滕、薛，国虽小而政务繁，大夫职责重，故孟公绰不能胜任。

【译文】

孔子说："孟公绰（以他的能力），如果让他担任晋国赵氏、魏氏的家臣，那是有余的，但是却不可以让他担任滕国、薛国的大夫。"

|| 第十二章 ||

子路问成人。子曰："若臧武仲之知❶，公绰之不欲，卞庄子之勇❷，冉求之艺，文之以礼乐，亦可以为成人矣。"曰："今之成人者何必然？见利思义，见危授命，久要不忘平生之言❸，亦可以为成人矣。"

❶ **臧武仲**：即臧孙纥（gē），鲁国大夫，以知识丰富著称。❷ **卞庄子**：鲁国大夫，以勇力著称。❸ **要**（yāo）：同"约"，穷困。

【译文】

子路问怎样才是一个完善的人。孔子说："要有臧武仲那样的智慧过人，孟公绰那样的清廉寡欲，卞庄子那样的勇敢无畏，冉求那样的多才多艺，再用礼乐来成就他的文采，也就可以称为完美的人了。"孔子又说："现在的完人何必一定要这样？见到利益时，就思忖取来是否合理；面对危难，敢于献出生命；长期处于贫困，却不忘平生的诺言，也就可以算是完人了。"

第十三章

　　子问公叔文子于公明贾曰①："信乎，夫子不言，不笑，不取乎？"公明贾对曰："以告者过也。夫子时然后言，人不厌其言；乐然后笑，人不厌其笑；义然后取，人不厌其取。"子曰："其然？岂其然乎？"

---

　❶ 公叔文子：卫国大夫，卫献公之孙，名拔，谥号"文"。公明贾：卫国人，姓公明，名贾，公叔文子的使臣。

【译文】

　　孔子向公明贾问公叔文子的情况，说："这位先生平时不说，不笑，不取财，这是真的吗？"公明贾回答道："这是告诉你这话的人讲错了。这位先生恰当的时候才说，所以别人不讨厌他说；高兴了才笑，所以别人不反感他笑；该取的时候才取，所以别人不厌恶他取。"孔子说："是这样吗？难道真是这样吗？"

第十四章

　　子曰："臧武仲以防求为后于鲁①，虽曰不要君②，吾不信也。"

---

　❶ 臧武仲曾因得罪季孙氏而逃亡到邾国，后又回到其封地防邑，

派人向鲁君请求为臧氏立后,以不废先人宗庙祭祀,自己愿为此让出封地。后鲁君立臧武仲的同父异母兄弟为臧氏继承人,臧武仲遂献出防邑逃亡到齐国。❷要(yāo):要挟。

【译文】

孔子说:"臧武仲凭借他的封地防城,要求鲁君在鲁国为臧氏立下继承人,尽管有人说这不是要挟国君,我不相信。"

‖第十五章‖

子曰:"晋文公谲而不正①,齐桓公正而不谲②。"

❶晋文公:晋国国君,春秋五霸之一,姓姬,名重耳。他曾召周天子而迫使各地诸侯来朝见。谲(jué):欺诈,玩弄权术。❷齐桓公:齐国国君,春秋五霸之一,姓姜,名小白。

【译文】

孔子说:"晋文公诡诈、不正派,齐桓公正派、不诡诈。"

‖第十六章‖

子路曰:"桓公杀公子纠,召忽死之,管仲不死①。"曰:"未仁乎?"子曰:"桓公九合诸侯②,不以兵车,管仲之力也。如其仁!如其仁!"

❶齐桓公和公子纠是兄弟。齐襄公死后,桓公夺得君位,杀了

公子纠。纠的家臣自杀殉主,管仲也是纠的家臣,却不愿自杀,归顺了桓公,后辅佐桓公成就了霸业。❷ 九合诸侯:多次召集诸侯共商会盟,"九"泛指多。

【译文】

子路说:"齐桓公杀死他哥哥公子纠,(作为公子纠家臣的)召忽为此而自杀殉命,(而同样作为家臣的)管仲却没有跟着去死。"子路接着说:"管仲算不上仁吧?"孔子说:"齐桓公多次召集诸侯共商会盟,却不凭借武力,这是靠了管仲的力量。这就是他的仁德!这就是他的仁德!"

‖ 第十七章 ‖

子贡曰:"管仲非仁者与?桓公杀公子纠,不能死,又相之。"子曰:"管仲相桓公,霸诸侯,一匡天下,民到于今受其赐。微管仲,吾其被发左衽矣①。岂若匹夫匹妇之为谅也②,自经于沟渎而莫之知也?"

---

❶ 这句是说,如果没有管仲,天下混战不止,社会将倒退,中原地区的人将沦为落后民族。被:同"披"。左衽(rèn):衣襟向左边开,这是夷狄的打扮。❷ 谅:诚信,遵守信用。

【译文】

子贡说:"管仲不是仁人吧?齐桓公杀了他的主人公子纠,他不仅不为主殉死,反而去辅佐桓公。"孔子说:"管仲辅佐齐桓公,使他称霸诸侯,匡正天下,老百姓至今还享受着他带来的好处。如果没有管仲,我们大概也得(像野蛮不开化民族那样)披散着头发,左掩着衣襟了。难道他非得像寻常男女似的恪守小节，自杀在山沟沟里，还没有人知道吗？"

第十八章

公叔文子之臣大夫僎与文子同升诸公①。子闻之，曰："可以为'文'矣。"

---

❶ 臣大夫僎（xún）：臣大夫，即家臣大夫，是家臣中最高的一级。

【译文】

公叔文子的家臣大夫僎，（由文子推荐）和文子一样升为卫国的大夫。孔子听说了这件事，说："凭这一点，公叔文子真可以谥号作'文'了。"

第十九章

子言卫灵公之无道也，康子曰："夫如是，奚而不丧？"孔子曰："仲叔圉治宾客，祝鮀治宗庙，王孙贾治军旅①。夫如是，奚其丧？"

---

❶ 仲叔圉（yǔ）、祝鮀（tuó）、王孙贾：都是卫国大夫。

【译文】

孔子谈到卫灵公的昏庸无道时，季康子说："既然像他这样，为什么还没有亡国?"孔子说:"他有仲叔圉接待宾客,祝鮀主管祭礼,王孙贾统领军队。像这样,怎么会亡国呢?"

‖ 第二十章 ‖

子曰:"其言之不怍①,则为之也难。"

---

❶怍(zuò):惭愧。

【译文】

孔子说:"如果一个人说起话来大言不惭,那么,要他做些实事一定很难。"

‖ 第二十一章 ‖

陈成子弑简公①。孔子沐浴而朝,告于哀公曰②:"陈恒弑其君,请讨之。"公曰:"告夫三子③。"孔子曰:"以吾从大夫之后,不敢不告也。君曰'告夫三子'者!"之三子告,不可。孔子曰:"以吾从大夫之后,不敢不告也。"

---

❶陈成子:齐国大夫,名恒。本姓陈,为陈国公族之后,其先人来到齐国之后改姓田。❷孔子认为臣杀君是大逆不道的,为了表示郑重其事,故"沐浴而朝"。❸三子:指当时把持鲁国政权的季孙、孟孙、叔孙三人。鲁哀公不敢作主,故要孔子向季孙等三人报告。

【译文】

（齐国大夫）陈成子杀了齐简公。孔子斋戒沐浴后上朝见鲁哀公，报告鲁哀公说："陈恒杀了他的国君，请出兵讨伐他。"哀公说："你去报告那三位大夫吧！"孔子（退出后）说："因为我也曾经做过大夫，所以不敢不来报告，国君却说'去报告那三位大夫！'"孔子于是便到三位大夫那里报告。三位大夫不同意出兵讨伐。孔子（从三位大夫那里回来）说："因为我也曾经做过大夫，所以是不敢不报告。"

第二十二章

子路问事君。子曰："勿欺也，而犯之①。"

---

❶ 犯：触犯，冒犯。这里引申为对君主犯颜诤谏。

【译文】

子路问怎样侍奉君主。孔子说："不要欺瞒君主，但可以当面指出他的过错规劝他。"

第二十三章

子曰："君子上达，小人下达。"

【译文】

孔子说:"君子向上通达仁义,小人向下通达财利。"

第二十四章

子曰:"古之学者为己,今之学者为人。"

【译文】

孔子说:"古代的人求学是为了提高自己的道德学问,现在的人求学是为了表现给别人看。"

第二十五章

蘧伯玉使人于孔子①,孔子与之坐而问焉,曰:"夫子何为?"对曰:"夫子欲寡其过而未能也。"使者出,子曰:"使乎!使乎!"

---

❶蘧(qú)伯玉:卫国大夫,名瑗。孔子在卫国时曾住在他家。

【译文】

蘧伯玉派人拜访孔子,孔子请来人坐下,然后问道:"你们先生近来在做什么?"来人回答说:"我们先生想尽量减少自己的过错,却还未能如愿。"来人辞别后,孔子连声称赞说:"好使者啊!真是好使者啊!"

‖ 第二十六章 ‖

子曰:"不在其位,不谋其政。"曾子曰:"君子思不出其位。"

【译文】

孔子说:"不在那个职位上,就不要谋划那个职位的政事。"曾子说:"君子考虑事情不超出他职位的范围。"

‖ 第二十七章 ‖

子曰:"君子耻其言而过其行。"

【译文】

孔子说:"君子认为自己说过的话超过了自己所做的事是可耻的。"

‖ 第二十八章 ‖

子曰:"君子道者三,我无能焉:仁者不忧,知者不惑,勇者不惧。"子贡曰:"夫子自道也!"

【译文】

孔子说:"君子所循之道有三个方面,我一条也没能做到:仁者不忧愁,智者不迷惑,勇者不惧怕。"子贡说:"(这三方面)恰好是老师的自我表述呀!"

第二十九章

子贡方人①。子曰:"赐也贤乎哉?夫我则不暇。"

❶方:同"谤",指责,说别人的短处。

【译文】

子贡指责别人。孔子说:"赐呀,你自己就那么好吗?要叫我呀,可没有那份闲工夫(指责别人)。"

第三十章

子曰:"不患人之不己知①,患其不能也。"

❶患:忧虑,担心,怕。

【译文】

孔子说:"不担心别人不了解自己,只担心自己没有才能。"

第三十一章

子曰:"不逆诈①,不亿不信②,抑亦先觉者,是贤乎!"

❶逆:预先,预测。❷亿:同"臆",主观推测,猜测。

【译文】

孔子说:"不事先猜疑别人欺诈,不凭空臆测别人不诚信,但

（如果遇到这类事）却能预先察觉，这种人就是贤人啊！"

第三十二章

微生亩谓孔子曰①："丘何为是栖栖者与②？无乃为佞乎？"孔子曰："非敢为佞也，疾固也。"

❶ 微生亩：姓微生，名亩，传说是个隐者。❷ 栖栖：忙忙碌碌的样子。

【译文】

微生亩对孔子说："你为什么要这样匆匆忙忙奔波（到处游说）呢？该不是想卖弄口才吧？"孔子说："我不敢卖弄口才，而是痛心世人顽固不化（不通仁义之道）。"

第三十三章

子曰："骥不称其力①，称其德也②。"

❶ 骥（jì）：善跑的千里马。❷ 德：这里指千里马能吃苦耐劳的优良品质。

【译文】

孔子说："对于千里马，不是要赞扬它的力气，而是要赞扬它的品德。"

第三十四章

或曰:"以德报怨,何如?"子曰:"何以报德?以直报怨,以德报德。"

【译文】

有人问孔子说:"用自己的恩德来回报别人的怨恨,怎么样?"孔子说:"(如果是这样)用什么来回报别人的恩德呢?(应该)用正直公平回报怨恨,用恩德回报恩德。"

第三十五章

子曰:"莫我知也夫①!"子贡曰:"何为其莫知子也?"子曰:"不怨天,不尤人②,下学而上达。知我者其天乎!"

❶莫我知:即"莫知我"的倒装。没有人了解我。❷尤:责怪,归咎,怨恨。

【译文】

孔子感慨道:"没有人能了解我啊!"子贡问:"为什么没有人了解您呢?"孔子说:"我不埋怨天,不责备人,下学人事而上通达天命。了解我的大概只有天吧!"

第三十六章

公伯寮愬子路于季孙①。子服景伯以告②,曰:"夫子固有惑志于公伯寮，吾力犹能肆诸市朝③。"子曰："道之将行也与，命也；道之将废也与，命也。公伯寮其如命何！"

❶公伯寮：字子周，孔子弟子，曾任季氏家臣。子路当时担任季孙氏的家臣。愬（sù）：同"诉"，毁谤。❷子服景伯：鲁国大夫。子服是姓氏，"景"是谥号，字伯，名何。❸肆：陈列死尸。

【译文】

公伯寮在季孙氏面前说子路的坏话。子服景伯将这件事告诉了孔子，并且说："季孙氏肯定被公伯寮的谗言迷惑了（已经对子路起了疑心），但凭我的能力还能（向季孙氏解释清楚，使季孙氏杀了公伯寮。）将他的尸首放在街头示众。"孔子说："我的主张要能实现，这是天命；我的主张要是被废弃，那也是天命。公伯寮又能把我的命运怎么样！"

|| 第三十七章 ||

子曰："贤者辟世，其次辟地，其次辟色，其次辟言。"子曰："作者七人矣①。"

❶七人：有人认为这七人就是《微子》篇第八章所列的七位"逸民"：伯夷、叔齐、虞仲、夷逸、朱张、柳下惠、少连。

【译文】

孔子说："贤人躲避开恶浊的社会现实（而隐居），次一等的躲避开一个地方到另一个地方去居住，再次一等的躲避开别人难看的脸色，再次一等的躲避开别人的恶言恶语。"孔子补充说："这样做的已经有七个人了。"

第三十八章

子路宿于石门。晨门曰:"奚自①?"子路曰:"自孔氏。"曰:"是知其不可而为之者与?"

---

❶ 奚自:"自奚"的倒装。从哪里来。

【译文】

子路夜宿在石门。清晨守门的人问道:"你从哪儿来?"子路说:"从孔子那里来。"守门人说:"是那位明知道行不通却还仍然坚持去做的那个人吗?"

第三十九章

子击磬于卫,有荷蒉而过孔氏之门者①,曰:"有心哉,击磬乎!"既而曰:"鄙哉,硁硁乎!莫己知也,斯己而已矣。'深则厉,浅则揭②。'"子曰:"果哉!末之难矣。"

---

❶ 蒉(kuì):盛土的草编器具。❷ 深则厉,浅则揭:引自《诗经·邶风·匏有苦叶》。

【译文】

孔子在卫国,一天正敲磬,有个挑着草筐的人刚好从门口经过,说道:"这人敲磬,有心思呀!"过了一会儿又说:"磬声硁硁,沉闷鄙俗啊！没有人了解自己，那就独善其身罢了。'（好比过河）水深，就穿着衣裳涉水过去；水浅，就提起衣裳涉水过去。'"孔子说："真果决啊！我要说服他难啊。"

第四十章

子张曰："《书》云：'高宗谅阴①，三年不言。'何谓也？"子曰："何必高宗，古之人皆然。君薨②，百官总己以听于冢宰三年③。"

❶ 高宗：即商王武丁。❷ 薨（hōng）：古代称诸侯死叫"薨"。❸ 冢宰：官名，辅佐天子之官，相当于后世的宰相。

【译文】

子张说："《尚书》上说：'殷高宗居丧守孝，三年不议政。'这是什么意思？"孔子说："不一定高宗是这样，古人都是这样。国君死了（继位的国君三年不谈政事），朝廷百官各自统管好自己的职事且听命于宰相，这种状况要持续三年。"

第四十一章

子曰："上好礼，则民易使也①。"

❶ 使：使唤，役使。

【译文】

孔子说:"在高位的人遵从礼法,那么百姓就容易役使了。"

‖ 第四十二章 ‖

子路问君子。子曰:"修己以敬。"曰:"如斯而已乎?"曰:"修己以安人。"曰:"如斯而已乎?"曰:"修己以安百姓。修己以安百姓,尧舜其犹病诸①!"

---

❶ 病:担心,忧虑。

【译文】

子路问怎样做一个君子。孔子说:"修养自己,使百姓恭敬谦逊。"子路说:"像这样就行了吗?"孔子说:"修养自己,安定他人。"子路说:"像这样就行了吗?"孔子说:"修养自己,以使百姓得到安乐。修养自己,以使百姓得到安乐,尧、舜大概还为此忧虑呢!"

‖ 第四十三章 ‖

原壤夷俟①。子曰:"幼而不孙弟②,长而无述焉,老而不死,是为贼。"以杖叩其胫。

---

❶ 原壤:鲁国人,是孔子的老朋友。夷:箕踞,即坐时两脚叉开前伸,形状像箕一样,这是无礼的表现。俟(sì):等待。❷ 孙(xùn)弟:同"逊悌",这里泛指礼节。

【译文】

原壤两腿叉开坐着等孔子来。孔子说:"你小时候就不讲礼节,长大了没有作为,老了还不快死,这真是害人精。"边说边用手杖敲原壤的小腿。

第四十四章

阙党童子将命①。或问之曰:"益者与?"子曰:"吾见其居于位也,见其与先生并行也。非求益者也,欲速成者也。"

---

❶ 阙党:里巷名,孔子故居所在地。将命:传达宾主的辞令。

【译文】

阙党的一个少年来向孔子传话。有人便问孔子:"这少年能有长进吗?"孔子说:"我看他坐在大人的位子上,又看到他与长辈长者并排走路。(这表明)他不是个求长进的人,而是个急于求成的人罢了。"

卫灵公篇第十五

第一章

卫灵公问陈于孔子①。孔子对曰:"俎豆之事②,则尝闻之矣;军旅之事,未之学也。"明日遂行。

❶陈:同"阵"。❷俎豆之事:俎、豆,都是古代盛食物的器皿,举行礼仪时可用作礼器。俎豆之事,即指礼仪之事。

【译文】

卫灵公向孔子询问打仗怎样布阵。孔子回答说:"礼仪方面的事,我曾听说过;军队方面的事,我从来没有学习过。"第二天,孔子就离开了卫国。

第二章

在陈绝粮,从者病①,莫能兴②。子路愠见曰:"君子亦有穷乎?"子曰:"君子固穷③,小人穷斯滥矣④。"

❶病:苦,困。这里指饿极了,饿坏了。❷兴:起来,起身。这里指行走。❸固:安守,固守。❹滥:像水一样漫溢、泛滥。比喻人不能约束自己,什么事都干得出来。

【译文】

(孔子一行)在陈国(被围困而)断了粮,跟随他的弟子都饿倒了,站立不起来。子路满是怨气地去见孔子,说:"君子也有穷困的时候吗?"孔子说:"君子在穷困时能坚守住节操,小人穷困就会为所欲为了。"

‖ 第三章 ‖

子曰:"赐也①,女以予为多学而识之者与?"对曰:"然,非与?"曰:"非也,予一以贯之②。"

---

❶赐:端木赐,字子贡。❷一:一个基本的原则、思想。孔子这里指的是"忠恕"之道。

【译文】

孔子说:"赐呀,你以为我是博学强记的人吗?"子贡回答说:"是的,难道不是这样吗?"孔子说:"不是的,我是能够用一个基本思想贯穿学问的。"

‖ 第四章 ‖

子曰:"由!知德者鲜矣。"

【译文】

孔子说:"仲由呀,懂得'德'的人太少了!"

第五章

子曰:"无为而治者其舜也与①?夫何为哉?恭己正南面而已矣。"

---

❶**无为而治**:传说舜善于任用贤人来管理各方面的事情,所以不需要自己亲自操劳政事而天下太平。这就是"无为而治"的意思。

【译文】

孔子说:"自己不做什么而使天下太平的人,大概只有舜吧?他做了些什么呢?只是自己恭敬端正地面朝南,坐在君王的位置上罢了。"

第六章

子张问行。子曰:"言忠信,行笃敬,虽蛮貊之邦①,行矣。言不忠信,行不笃敬,虽州里,行乎哉?立则见其参于前也②,在舆则见其倚于衡也,夫然后行。"子张书诸绅。

---

❶**蛮**:南蛮,泛指南方边疆少数民族。**貊**(mò):北狄,泛指北方边疆少数民族。❷**参**:本意为直、高。这里引申为像一个高大的东西直立在眼前。

【译文】

子张问怎样(使自己的主张)行得通。孔子说:"说话真诚守信,行为笃实恭敬,那么即使到了少数民族的偏僻国家也能行得通。如果说话不真诚守信,行为不笃实恭敬,那么即使在本乡本土,又怎能行得通呢？站着时，似乎就看见'忠信笃敬'几个字展现在自己面前；坐车时，似乎就看见这几个字呈现在车辕的横木上，做到这样就能使自己的主张处处行得通了。"子张把这些话写在自己的衣带上。

第七章

子曰："直哉史鱼①！邦有道，如矢；邦无道，如矢。君子哉蘧伯玉！邦有道，则仕；邦无道，则可卷而怀之。"

❶史鱼：卫国大夫，姓史，名鳝（qiū），字子鱼。《韩诗外传》记载：史鱼曾多次劝谏卫灵公进用蘧伯玉，贬退弥子瑕，未被接受。史鱼因此感到没有尽职，临终前告诉儿子不要在正堂上为自己治丧。死后，儿子遵嘱治丧，卫灵公得知此事后便起用了蘧伯玉，贬黜了弥子瑕。史鱼生以身谏，死以尸谏，人们赞扬他正直。

【译文】

孔子说："史鱼是多么正直啊！国家有道时，他像箭一样刚直；国家无道时，也像箭一样刚直。蘧伯玉真是个君子啊！国家有道时，他就出来做官；国家无道时，他就（不做官）收起才能退隐起来。"

第八章

子曰："可与言而不与之言，失人；不可与言而与之言，失言。知者不失人①，亦不失言。"

❶知：同"智"，智者，聪明人。

【译文】

孔子说："可以和他交谈却不去交谈，这就会失掉人才；不可以和他交谈，却去和他交谈，这是白费口舌。聪明人既不损失人才，又不白费口舌。"

|| 第九章 ||

子曰："志士仁人，无求生以害仁❶，有杀身以成仁❷。"

❶求生：贪生怕死，为保活命苟且偷生。❷杀身：勇于自我牺牲，为仁义当死而死，心安德全。

【译文】

孔子说："志士仁人，不会为了苟全性命而损害仁德，只会豁出性命去保全仁德。"

|| 第十章 ||

子贡问为仁。子曰："工欲善其事❶，必先利其器❷。居是邦也，事其大夫之贤者，友其士之仁者。"

❶善：用作动词。做好，干好，使其完善。❷利：用作动词。搞好，弄好，使其精良。

【译文】

子贡问怎样实行仁道。孔子说:"工匠要使他的活儿干得好,必定先要使他的工具顺手、锋利。(要想实行仁道)我们居住在一个国家,就要侍奉那些大夫中的贤者,结交那些士人中的仁者。"

|| 第十一章 ||

颜渊问为邦。子曰:"行夏之时①,乘殷之辂②,服周之冕③,乐则《韶》《舞》④。放郑声,远佞人。郑声淫,佞人殆⑤。"

---

❶夏之时:时,指历法。古代以冬至所在月为子月,其下顺次为丑月、寅月等等。三代历法不同,在于各有不同的春正月。周以子月为春正月,殷以丑月为春正月,夏以寅月为春正月。夏历符合四季更迭,便于人们从事农业生产,所以即使在殷、周,夏历仍然实行。❷乘殷之辂(lù):辂,绑在车辕上用来牵引车子的横木,这里指车子。周制有五辂,玉、金、象、革、木,并多文饰,其中木辂最质朴。殷之辂也是木辂,孔子崇尚质朴,所以主张"乘殷之辂"。❸服周之冕:冕,指礼帽。周代礼帽较前代华贵精致,孔子不反对礼服华美,所以主张"服周之冕。"❹《韶》《舞》:《韶》,传说是舜时的乐曲;《舞》,同《武》,传说是周武王时的乐曲。❺殆:危险。

【译文】

颜渊问怎样治国。孔子说:"推行夏代的历法,乘坐殷代的车子,戴周代的礼帽,音乐就演奏《韶》曲、《舞》曲。鄙弃郑国的音乐,疏远奸佞小人。因为郑国的音乐淫靡，奸佞的小人危险。"

第十二章

子曰："人无远虑，必有近忧。"

【译文】

孔子说："一个人没有长远的考虑，就一定会有近在眼前的忧患。"

第十三章

子曰："已矣乎！吾未见好德如好色者也①。"

① 此句已见于《子罕》篇第十八章，可参看。

【译文】

孔子说："罢了啊！我从来没有见到过喜欢仁德像喜欢美色那样的人呢！"

第十四章

子曰："臧文仲其窃位者与①！知柳下惠之贤而不与立也②。"

❶ 臧文仲：即臧孙辰，鲁国大夫。❷ 柳下惠：鲁国人，以贤著称，姓展，名获，字禽。柳下，封地名；惠，谥号。

【译文】

孔子说："臧文仲该算是个窃居官位的人了吧！他知道柳下惠贤能，却不举用他做官。"

第十五章

子曰："躬自厚而薄责于人①，则远怨矣②。"

❶ 厚：这里指厚责，重责。❷ 远：远离，避开。

【译文】

孔子说："对自己要多反省责备，对别人要少省察责备，这样就可以避免怨恨了。"

第十六章

子曰："不曰'如之何，如之何'者①，吾末如之何也已矣。"

❶ 如之何：犹言怎么办。孔子这里的意思是：做事一定要经过深思熟虑，多问几个"该怎么办"。因为只有深忧远虑的人，才能真正想出解决问题的好办法。

【译文】

孔子说:"遇事从不说'怎么办,怎么办'的人,我也不知道对他怎么办才好。"

第十七章

子曰:"群居终日,言不及义,好行小慧,难矣哉!"

【译文】

孔子说:"整天聚集在一起,言谈从不提到道义,只喜欢耍弄小聪明,这种人是难有作为了!"

第十八章

子曰:"君子义以为质①,礼以行之,孙以出之②,信以成之。君子哉!"

---

❶质:本意为本质、质地。引申为基本原则,根本。❷孙:同"逊"。

【译文】

孔子说:"君子把道义看作做人的根本,按照礼的规范去做,用谦逊的言语来表达,用诚实的态度来完成。这才是真君子啊!"

第十九章

子曰:"君子病无能焉①,不病人之不己知也。"

❶病:怕,担心。

【译文】

孔子说:"君子只担心自己没有能力,不担心别人不了解自己。"

第二十章

子曰:"君子疾没世而名不称焉①。"

❶没(mò)世:死亡。

【译文】

孔子说:"君子所担心的是直到死时还不被人称道。"

第二十一章

子曰:"君子求诸己①,小人求诸人。"

❶求:要求。一说,求助,求得。

【译文】

孔子说:"君子对自己严要求,小人对他人要求严。"

第二十二章

子曰:"君子矜而不争①,群而不党②。"

❶矜(jīn):庄重,矜持,慎重拘谨。❷党:结党营私,拉帮结伙,搞小宗派。

【译文】

孔子说:"君子端庄自持,不与人争执;能与人合群相处,但不与人相互勾结。"

第二十三章

子曰:"君子不以言举人,不以人废言。"

【译文】

孔子说:"君子不因为一个人话说得动听而荐举他,不因为一个人品行差而鄙弃他正确的话。"

第二十四章

子贡问曰:"有一言而可以终身行之者乎?"子曰:"其'恕'乎!己所不欲,勿施于人。"

【译文】

子贡问道:"有没有一句话可以终身奉行的呢?"孔子说:"大概是'恕'吧!自己都不想得到的,不要施加给别人。"

第二十五章

子曰:"吾之于人也,谁毁谁誉①?如有所誉者,其有所试矣。斯民也,三代之所以直道而行也。"

❶毁:诋毁。指称人之恶而失其真。誉:赞誉,溢美。指扬人之善而过其实。

【译文】

孔子说:"我对于别人,(何曾出于私心)诋毁过谁,称赞过谁?如果有所称赞,必定是实际检验过(此人是确实值得称赞)的。夏、商、周三代的人都这样,所以三代能在正道上顺利行进。"

第二十六章

子曰:"吾犹及史之阙文也①,有马者借人乘之。今亡矣夫!"

❶阙:同"缺"。阙文即空缺的字。史官记事,有疑难之处就缺出空白以存疑。

【译文】

孔子说:"我曾看到过史官因存疑而有空缺的记载,(我又曾听说过)有马的人将马借给别人乘用。这种好风气,现在是没有了!"

第二十七章

子曰:"巧言乱德。小不忍,则乱大谋。"

【译文】

孔子说:"花言巧语会败坏人的美德。小事不能容忍,就会坏了大事。"

第二十八章

子曰:"众恶之,必察焉;众好之,必察焉。"

【译文】

孔子说:"大家都讨厌他,(自己不能轻从)必定要亲自明察一下;大家都喜欢他,(自己也不能轻从)必定要亲自明察一下。"

第二十九章

子曰:"人能弘道①,非道弘人。"

❶ 弘:弘扬,光大。

【译文】

孔子说:"人的才干能使道得到弘扬,不是道能扩大人的才干。"

第三十章

子曰:"过而不改,是谓过矣。"

【译文】

孔子说:"有了过错而不改正,这才叫真正的过错。"

第三十一章

子曰:"吾尝终日不食,终夜不寝,以思,无益,不如学也。"

【译文】

孔子说:"我曾经整天不吃、整夜不睡地思考,但没有好处,比不上去学习。"

第三十二章

子曰:"君子谋道不谋食。耕也,馁在其中矣①;学也,禄在其中矣②。君子忧道不忧贫。"

---

❶馁:饥饿。❷禄:做官的俸禄。

【译文】

孔子说:"君子谋求学道,不谋求衣食。耕田,免不了挨饿;学道,可以做官得到俸禄。所以君子只愁没有学到道,不愁生活贫困。"

第三十三章

子曰:"知及之,仁不能守之;虽得之,必失之。知及之,仁能守之,不庄以莅之①,则民不敬。知及之,仁能守之,庄以莅之,动之不以礼,未善也。"

---

❶ 莅(lì):临,到。

【译文】

孔子说:"凭才智可以谋得职位,但如果不用仁德去保持它,即使得到了,也必定会失掉。凭才智谋得了职位,又能用仁德保持它,但不能以庄重的态度对待百姓,百姓就不会敬重他。凭才智得到官职,仁德足以守住它,又能以庄重的态度对待百姓,但不能按礼的规定使用百姓,仍然不能算好。"

第三十四章

子曰:"君子不可小知而可大受也①,小人不可大受而可小知也。"

---

❶ 知:主持,主管。

【译文】

孔子说:"君子不可以做小事情却可授予他大责任;小人不可以

授予他大责任,却可以做小事情。"

第三十五章

子曰:"民之于仁也,甚于水火。水火,吾见蹈而死者矣①,未见蹈仁而死者也。"

---

❶ 蹈:踏,踩,投入。引申为追求,实行,实践。

【译文】

孔子说:"老百姓对仁德的需要,超过了对水火的需要。我只见过踏进水火而丧生的,从没见过实行仁德而丢命的。"

第三十六章

子曰:"当仁,不让于师。"

【译文】

孔子说:"在实行仁的问题上,(要抢先去做,)同老师也不要谦让。"

第三十七章

子曰:"君子贞而不谅①。"

❶ 贞：正，固守正道，恪守节操。

【译文】

孔子说："君子固守正道，不拘泥于小信。"

|| 第三十八章 ||

子曰："事君，敬其事而后其食①。"

---

❶ 食：食禄，俸禄，官吏的薪水。

【译文】

孔子说："侍奉国君，要先敬守自己的职责，后考虑享受俸禄。"

|| 第三十九章 ||

子曰："有教无类①。"

---

❶ 无类：不分类，没有富贵贫贱、天资优劣智愚、等级地位高低、地域远近、善恶不同等等的区别与限制。孔子提倡全民教育，希望教育所有的人而同归于善。他的弟子中，富有的（如冉有、子贡），贫穷的（如颜回、原思），地位高的（如孟懿子为鲁国贵族），地位低的（如子路为卞之野人），鲁钝一点的（如曾参），愚笨一点的（如高柴），各种人都有。

【译文】

孔子说："给人人以教育，不要有（贵贱、贫富等）区别。"

第四十章

子曰:"道不同①,不相为谋。"

❶ 道:道路,主张,所追求的目标。

【译文】

孔子说:"思想主张不同,不能一起商议谋划事情。"

第四十一章

子曰:"辞达而已矣。"

【译文】

孔子说:"言辞只要能表达清楚意思就行了。"

第四十二章

师冕见①。及阶,子曰:"阶也。"及席,子曰:"席也。"皆坐,子告之曰:"某在斯,某在斯。"师冕出。子张问曰:"与师言之道与?"子曰:"然,固相师之道也②。"

❶ 师冕:师,乐师;这位乐师名冕。古代的乐师一般由盲人担任。❷ 相(xiàng):帮助。

【译文】

师冕来见孔子。到了台阶跟前,孔子就说:"这是台阶了。"到了坐席跟前,孔子就说:"这是坐席了。"大家坐定了,孔子又一一告诉他:"某人坐在这里,某人坐在那里。"师冕辞别走了。子张问道:"这是同乐师讲话的方式吗?"孔子说:"是的,这的确是帮助乐师的方式。"

季氏篇第十六

第一章

季氏将伐颛臾①。冉有、季路见于孔子曰:"季氏将有事于颛臾。"孔子曰:"求!无乃尔是过与?夫颛臾,昔者先王以为东蒙主②,且在邦域之中矣。是社稷之臣也,何以伐为?"

冉有曰:"夫子欲之,吾二臣者皆不欲也。"孔子曰:"求!周任有言曰③:'陈力就列,不能者止。'危而不持,颠而不扶,则将焉用彼相矣④?且尔言过矣。虎兕出于柙,龟玉毁于椟中,是谁之过与?"

冉有曰:"今夫颛臾,固而近于费⑤,今不取,后世必为子孙忧。"孔子曰:"求!君子疾夫舍曰欲之而必为之辞。丘也闻有国有家者,不患寡而患不均,不患贫而患不安⑥。盖均无贫,和无寡,安无倾。夫如是,故远人不服,则修文德以来之;既来之,则安之。今由与求也,相夫子,远人不服,而不能来也,邦分崩离析,而不能守也,而谋动干戈于邦内。吾恐季孙之忧,不在颛臾,而在萧墙之内也⑦。"

❶颛臾(zhuān yú):春秋时一个小国,鲁国的附庸国。相传为伏羲氏之后,故城在今山东省蒙阴县。❷东蒙:即东蒙山,一名蒙山,在鲁国东部。❸周任:古代一位有名的史官。❹相:扶瞎子走路的人。❺费:鲁国的一个小城邑,季氏的封邑,其地在今山东

费县。❻不患寡而患不均，不患贫而患不安：上句"寡"字与下句"贫"字互倒。俞樾《古书疑义举例》卷六："此本作'不患贫而患不均，不患寡而患不安。'"译文据之。❼当时季氏权势很大，把持鲁国政事，鲁哀公想削弱其势力。因颛臾靠近季氏封地，季氏便担心它被哀公利用而对自己不利，所以要攻打它。孔子这句话道破了季氏伐颛臾的真实意图。萧墙，面对宫门的小墙，如同后世的"照壁"，人臣至此便会肃然起敬，故称"萧墙"。萧：同"肃"。"萧墙之内"是暗指鲁君。

【译文】

季氏将要兴兵攻打颛臾。冉有、季路来见孔子，告诉他说："季氏将要对颛臾采取军事行动。"孔子说："冉求，这怕是你的过错吧？那个颛臾，从前先王封他做东蒙山主祭人，况且它是在鲁国的疆域之内的，是鲁国的臣属。凭什么理由攻打它呢？"

冉有说："是季氏想要攻打，我们两人都不主张这样。"孔子说："冉求！周任有句话说：'能施展才能，就去任职；不能胜任，就该辞职。'盲人走到了危险的地方却不去挽住他，跌倒了却不去扶起他，那么还要那个帮助瞎子的人干什么？再说，你的话显然是错了。老虎、犀牛从笼子里逃了出来，龟甲、宝玉毁坏在匣子中，这是谁的过失呢？"

冉有说："那个颛臾国，城墙坚固，又靠近（季孙的封地）费邑，现在如果不攻打，到了后世必然会成为（季氏）子孙的祸患。"孔子说："冉求！君子讨厌那种不说要这样做却硬要为这样做另找借口的人。我听说过，当诸侯当大夫的，不担心贫穷而担心分配不均，不担心人口少而担心不安定。分配均匀了便不觉得贫困，和睦团结了便不觉得人少，境内安定了国家便不会倾覆。正因为这样，所以当远方的人不愿归服时，就要搞好礼乐教化使他们来投奔。来了之后，还要使他们安心定居。现在你们两人辅佐季氏，远方的人不归服，却不能使他们来投奔；国家不统一，分崩离析，你们不能好好保全，反而策划在国内兴师动武。我看，只怕季孙所担心的，不在于颛臾，而在于鲁国宫墙之内啊。"

|| 第二章 ||

孔子曰："天下有道，则礼乐征伐自天子出；天下无道，则礼乐征伐自诸侯出。自诸侯出，盖十世希不失矣①；自大夫出，五世希不失矣；陪臣执国命②，三世希不失矣。天下有道，则政不在大夫。天下有道，则庶人不议。"

---

❶希：同"稀"，少有。❷陪臣：卿、大夫的家臣。

【译文】

孔子说："天下太平时，礼乐制度和征伐都由天子决定；天下混乱时，礼乐制度和征伐便由诸侯擅自作主。礼乐征伐由诸侯做主，很少有传到十代而政权不丧失的；如果由大夫做主，很少有传到五代而政权不丧失的；如果大夫的家臣操纵了国家政权，那就很少有传到三代而政权不丧失的。天下太平，政权不会落到大夫手中。天下太平，百姓不会议论朝政。"

|| 第三章 ||

孔子曰："禄之去公室五世矣，政逮于大夫四世矣①，故夫三桓之子孙微矣②。"

❶ 五世、四世：鲁文公十八年（公元前608年），鲁国大夫襄仲杀文公太子恶而立宣公，从此国家政权落入大夫手中。这种局面，到孔子说这话的时候，已经历了宣公、成公、襄公、昭公、定公这五代；从大夫季氏最初把持政权，至此已经历了文子、武子、平子、桓子这四代。❷ 三桓：鲁国的孟孙氏、叔孙氏、季孙氏，都是鲁桓公的后代，时称"三桓"。

【译文】

孔子说："政权从朝廷公室手中失去已经有五代了，政权落入大夫手中已经有四代了，所以鲁桓公的三房子孙也到衰微的时候了。"

|| 第四章 ||

孔子曰："益者三友，损者三友。友直，友谅①，友多闻，益矣。友便辟②，友善柔③，友便佞④，损矣。"

❶ 谅：诚信。❷ 便辟（pián pì）：习于摆架子装样子，内心却邪恶不正。❸ 善柔：善于阿谀奉承，内心却无诚信。❹ 便佞（nìng）：善于花言巧语，而言不符实。

【译文】

孔子说："有益的朋友有三种，有害的朋友有三种。同正直的人交友，同守信用的人交友，同见闻多的人交友，就有好处。同虚假做作的人交友，同谄媚奉承的人交友，同花言巧语的人交友，就有害了。"

第五章

孔子曰:"益者三乐,损者三乐。乐节礼乐,乐道人之善,乐多贤友,益矣。乐骄乐,乐佚游①,乐宴乐,损矣。"

❶佚(yì):同"逸",安闲。

【译文】

孔子说:"有益的快乐有三种,有害的快乐有三种。把礼乐的节制当作快乐,把称道别人的长处当作快乐,把多结交贤良的朋友当作快乐,就有好处。把骄纵恣肆当作快乐,把纵情游荡当作快乐,把宴饮纵欲当作快乐,就有害了。"

第六章

孔子曰:"侍于君子有三愆①:言未及之而言谓之躁,言及之而不言谓之隐,未见颜色而言谓之瞽②。"

❶愆(qiān):过失。❷瞽(gǔ):瞎子,这里有盲目的意思。

【译文】

孔子说:"陪伴君子谈话容易出现三种过失:没有轮到你讲话你抢先说,这叫急躁;该到你讲话你不说,这叫隐瞒;不看对方脸色随意说话,这叫盲目。"

第七章

孔子曰:"君子有三戒:少之时,血气未定①,戒之在色;及其壮也,血气方刚,戒之在斗;及其老也,血气既衰,戒之在得②。"

---

❶ 未定:未成熟,未固定。❷ 得:泛指对于名誉、地位、钱财、女色等等的贪欲。

【译文】

孔子说:"有三种情况君子要警惕自己:年轻时,血气未稳定,要警惕的是贪恋女色;到了壮年时,血气正旺盛,要警惕的是逞强好斗;到了老年时,血气已经衰退,要警惕的是贪得无厌。"

第八章

孔子曰:"君子有三畏①:畏天命,畏大人②,畏圣人之言。小人不知天命而不畏也,狎大人③,侮圣人之言。"

---

❶ 畏:怕。这里指心存敬畏。❷ 大人:道德品行超过一般"君子"的人或有大德行的人。❸ 狎(xiá):狎侮,不尊重。

【译文】

孔子说:"君子有三件敬畏的事:敬畏天命,敬畏道德高尚的人,敬畏圣人的言论。小人不懂天命,因而不敬畏,不尊重道德高尚的人,轻侮圣人的言论。"

第九章

孔子曰:"生而知之者,上也;学而知之者,次也;困而学之,又其次也;困而不学,民斯为下矣。"

【译文】

孔子说:"生来就知道的,是上等的;学了才知道的,是次一等的;有了困惑再去学习的,是又次一等的;有了困惑也不学习,老百姓一般就是这种最下等的。"

第十章

孔子曰:"君子有九思:视思明,听思聪,色思温,貌思恭,言思忠,事思敬,疑思问,忿思难①,见得思义。"

❶ 难(nàn):这里指发怒可能带来的灾难、留下的后患。

【译文】

孔子说:"君子有九想:看想看清楚,听想听清楚,脸色想温和些,容貌想恭敬些,说话想诚恳真心,做事想严肃认真,疑难时就想向人请教,欲发怒时就想到造成的后果,见到可得的东西时就想得来是否合理。"

第十一章

孔子曰:"见善如不及,见不善如探汤①。吾见其人矣,吾闻其语矣。隐居以求其志，行义以达其道②。吾闻其语矣，未见其人也。"

---

❶探汤：把手伸到滚烫的水里。这里指要赶紧躲避开。❷达：达到，全面贯彻。

【译文】

孔子说："见到好的品德，便像追赶不上似的（奋力追求）；见到不好的品德，便像手伸进了沸水似的（赶紧避开）。我见到过这样的人，我听到过这样的话。靠隐居来保全自己的意志，靠行义来实现自己的主张。我听到过这样的话，还没有见过这样的人。"

|| 第十二章 ||

齐景公有马千驷，死之日，民无德而称焉。伯夷、叔齐饿于首阳之下，民到于今称之。其斯之谓与①！

---

❶这一句的意思与上文衔接不上，旧注多疑是缺漏或错简造成的。

【译文】

齐景公有马四千匹，他死的时候，老百姓觉得他没有什么德行可称道的。伯夷、叔齐饿死在首阳山下，老百姓至今还在称颂他们。大概说的是这个意思吧。

第十三章

陈亢问于伯鱼曰①:"子亦有异闻乎?"对曰:"未也。尝独立,鲤趋而过庭。曰:'学《诗》乎?'对曰:'未也。''不学《诗》,无以言。'鲤退而学《诗》。他日,又独立,鲤趋而过庭。曰:'学礼乎?'对曰:'未也。''不学礼,无以立。'鲤退而学礼。闻斯二者。"陈亢退而喜曰:"问一得三,闻《诗》,闻礼,又闻君子之远其子也。"

❶陈亢:姓陈,名亢,字子禽。伯鱼:孔子的儿子,名鲤。

【译文】

陈亢向伯鱼问道:"您(在您父亲那里)得到过一些特别的教诲没有?"伯鱼回答道:"没有。有一次,他独自站在庭院中,我恭敬地走过那里。他问我:'你学《诗》了吗?'我回答:'没有。'(他就说)'不学《诗》,就不会说话。'我回去后便学《诗》。又有一天,他又独自站在庭院中,我恭敬地走过那里。他问我:'你学礼了吗?'我回答:'没有。'(他就说)'不学礼,就无法立足于社会。'我回去后便学礼。我私下就听到这两次教诲。"陈亢回去后高兴地说:"我问了一个问题,却得到三点收获:知道了该学《诗》,知道了该学礼,还知道了君子不偏爱自己的儿子。"

第十四章

邦君之妻①,君称之曰夫人,夫人自称曰小童②;邦人称之曰君夫人,称诸异邦曰寡小君;异邦人称之亦曰君夫人。

❶ **邦君**：指诸侯国的国君。❷ **小童**：谦称。犹说自己无知如童子。

【译文】

国君的妻子，国君称她为夫人，她（对国君）自称为小童；国内的人称她为君夫人，但在外国人跟前称她为寡小君；外国人称她也叫君夫人。

阳货篇第十七

第一章

阳货欲见孔子①，孔子不见，归孔子豚②。孔子时其亡也③，而往拜之。遇诸途。谓孔子曰："来！予与尔言。"曰："怀其宝而迷其邦，可谓仁乎？"曰："不可。""好从事而亟失时，可谓知乎？"曰："不可。""日月逝矣，岁不我与。"孔子曰："诺，吾将仕矣。"

---

❶阳货：又叫阳虎，鲁国大夫季氏的家臣，曾一度把持季氏家的大权和鲁国政权，后因权力斗争失利而逃往齐国、晋国。孔子站在正统立场上，对阳货的所作所为一向持反对态度，称他是"陪臣执国命"，所以不愿见他。❷归孔子豚（tún）：归，同"馈"（kuì），赠送。当时礼节规定，大夫赏赐东西给士，如果士未能在家当面受赐，过后就要亲自上大夫家拜谢。❸时：同"伺"，窥伺。

【译文】

阳货想叫孔子来见他，孔子不去，阳货便送一只蒸熟的小猪给孔子（使得孔子非得去他家拜谢）。孔子趁阳货外出时上他家去道谢。（不料）在路上相遇了。阳货对孔子说："来！我有话对你说。"接着说："怀藏着仁德才智（不出来做官），却听任他的国家迷途失道，这能算仁吗？"（孔子）说："不能。"（阳货又说）"想参政，却又多次错失时机，这能算聪明吗？"（孔子）说："不能。"（阳货又说）"岁月不停地流逝，岁月不会等人呀。"孔子说："好，我准备去做官了。"

第二章

子曰:"性相近也①,习相远也②。"

❶ 性:人的本性,性情,先天的智力、气质。❷ 习相远:指由于社会影响,所受教育不同,习俗、习气的沾染有别,人的后天的行为习惯会有很大差异。这里孔子是勉励人为学,通过学习提高自己的修养。

【译文】

孔子说:"人的天性本来是相近的,由于习俗、教育不同便逐渐差得远了。"

第三章

子曰:"唯上知与下愚不移①。"

❶ 知:同"智"。

【译文】

孔子说:"只有上等聪明的人和下等愚笨的人是不可改变性情的。"

第四章

子之武城①,闻弦歌之声。夫子莞尔而笑,曰:"割鸡焉用牛刀②？"子游对曰③："昔者偃也闻诸夫子曰：'君子学道则爱人，小人学道则易使也。'"子曰："二三子！偃之言是也。前言戏之耳。"

❶武城：鲁国的一个小城邑，子游当时任武城长官。❷割鸡焉用牛刀：这是个比喻，意思是治理一个小城邑，哪用得着施行礼乐教化。❸子游：孔子弟子言偃的字。

【译文】

孔子到了武城，听到弹琴唱歌的声音。孔子微微一笑，说道："杀鸡哪用得着宰牛刀？"子游答道："以前我听老师说过：'君子学了（礼乐的）道理，就会有仁爱之心，老百姓学了（礼乐的）道理，就容易听使唤。'"孔子说："弟子们！言偃的话是对的啊。我前面那句话是同他开玩笑罢了。"

|| 第五章 ||

公山弗扰以费畔①，召，子欲往。子路不说，曰："末之也已，何必公山氏之之也？"子曰："夫召我者，而岂徒哉？如有用我者，吾其为东周乎！"

❶公山弗扰：又叫公山不狃（niǔ），季氏家臣，鲁定公九年（公元前501年）在费邑反叛季氏。费：季氏封邑。畔：同"叛"，谋反。

【译文】

公山弗扰占据费邑，反叛季氏，召孔子去，孔子打算去。子路不高兴，说："没有可去的地方就不去罢了，为什么非要到公山氏那里去呢？"孔子说："那个叫我去的人，难道会白白召我去？如果有人任用我，我或许还能在东方复兴周朝的礼乐制度呢！"

‖第六章‖

子张问仁于孔子。孔子曰："能行五者于天下，为仁矣。""请问之。"曰："恭，宽，信，敏，惠。恭则不侮，宽则得众，信则人任焉，敏则有功，惠则足以使人。"

【译文】

子张向孔子询问怎样做可以称仁。孔子说："能够在天下施行五种品德，就可以称仁了。"子张说："请问哪五种。"孔子说："恭敬，宽厚，信实，勤敏，慈惠。恭敬就不会招来侮辱，宽厚就能得到众人拥护，信实就会得到别人任用，勤敏就会有成绩，慈惠就足以使唤人。"

‖第七章‖

佛肸召①，子欲往。子路曰："昔者由也闻诸夫子曰：'亲于其身为不善者，君子不入也。'佛肸以中牟畔，子之往也，如之何？"子曰："然，有是言也。不曰坚乎，磨而不磷？不曰白乎，涅而不缁？吾岂匏瓜也哉？焉能系而不食？"

---

❶ 佛肸（bì xī）：晋国大夫范氏的家臣，中牟（范氏封邑）的

长官。公元前490年，晋国大夫赵简子借晋侯名义攻打范氏，围中牟，佛肸抗拒赵简子。佛肸召孔子即在此时。下文所说的"畔"，是指反叛晋侯。

【译文】

佛肸召孔子，孔子想去。子路说："过去我听老师说过，'亲身做坏事的人，君子不到他那里去。'佛肸占据中牟反叛，您却要去他那里，这该怎么解释呢？"孔子说："是的，有这句话。不是说坚硬的东西磨而不薄，洁白的东西染而不黑吗？我难道是个苦味的葫芦吗？怎么能只悬挂在那里不被人食用？"

|| 第八章 ||

子曰："由也，女闻六言六蔽矣乎①？"对曰："未也。""居②！吾语女。好仁不好学，其蔽也愚；好知不好学③，其蔽也荡；好信不好学，其蔽也贼；好直不好学，其蔽也绞；好勇不好学，其蔽也乱；好刚不好学，其蔽也狂。"

---

❶蔽：同"弊"，弊病，害处。❷居：坐。❸知：同"智"。

【译文】

孔子说："仲由，你听说过六种品德各自具有的六种弊病吗？"子路答道："没有。"（孔子说）"坐下，我告诉你。爱好仁德而不爱学习，它的弊病是使人愚笨；爱好聪智而不爱学习，它的弊病是使人轻浮无根底；爱好诚实而不爱学习，它的弊病是伤害大义；爱好直率而不爱学习，它的弊病是语急伤人；爱好勇敢而不爱学习，它的弊病是犯法作乱；爱好刚强而不爱学习，它的弊病是狂妄自大。"

第九章

子曰:"小子何莫学夫《诗》?《诗》,可以兴,可以观①,可以群②,可以怨③。迩之事父④,远之事君;多识于鸟兽草木之名。"

---

❶ 观:本义是观察,观看。这是指提高人的观察能力。❷ 群:使合群。诗离不开写人,多读诗就可以更深切地了解人,懂得如何与人相处、相交,培养人的合群的本领。❸ 怨:怨恨。《诗经》中有不少怨刺诗,表达对现实的愤懑,抒发人们心中的不平,讽刺不合理的社会现象。读了以后,可以学会用讽刺的方法,用正当的宣泄,来表达心中的怨恨不平的感情。❹ 迩(ěr):近。

【译文】

孔子说:"弟子们,为什么不好好学一学《诗》?《诗》,可以激发志趣和联想,可以借助它观察事物,可以使人与人合群,可以抒发心中的愤懑。(学了《诗》)近一点说,可以更好地服侍父母,远一点说,可以更好地侍奉君主;还可以使人多认识一些鸟兽草木的名称。"

第十章

子谓伯鱼曰:"女为《周南》《召南》矣乎①?人而不为《周南》《召南》,其犹正墙面而立也与!"

---

❶《周南》《召南》:《诗经·国风》中前两部分的名称。

【译文】

孔子对伯鱼说:"你学过《周南》《召南》吗?一个人如果不学习《周南》《召南》,那他就会像面对着墙壁站立一样(无法行走)了吧!"

‖第十一章‖

子曰:"礼云礼云,玉帛云乎哉①?乐云乐云,钟鼓云乎哉?"

---

❶ 玉帛:指举行礼仪时的玉器、丝织品。

【译文】

孔子说:"礼呀礼呀,难道说的只是玉、帛之类的礼物吗?乐呀乐呀,难道说的只是钟鼓之类乐器吗?"

‖第十二章‖

子曰:"色厉而内荏①,譬诸小人,其犹穿窬之盗也与②!"

---

❶ 荏(rěn):软弱,怯懦,虚弱。❷ 窬(yú):洞,窟窿。从墙上爬过去也叫"窬",同"逾",爬墙。

【译文】

孔子说:"外表刚强,内心却很虚弱,假使拿小人打比方的话,大概就像个穿墙挖洞的小偷吧!"

第十三章

子曰:"乡愿①,德之贼也。"

❶ 乡愿:乡里的人都称道的老实人实际上是没有原则,不讲操守,讨好一切人,与世俗同流合污的人。

【译文】

孔子说:"那种谁也不得罪的老好人,是败坏道德的小人。"

第十四章

子曰:"道听而涂说①,德之弃也。"

❶ 涂:同"途"。

【译文】

孔子说:"在路上听了传言,随即就四处传播,这是背弃了道德。"

第十五章

子曰:"鄙夫可与事君也与哉①?其未得之也,患得之②。既得之，患失之。苟患失之，无所不至矣。"

❶鄙夫：鄙陋、庸俗、道德品质恶劣的人。❷患得之：实际上是"患不能得之"的意思。

【译文】

孔子说："品德低下恶劣的人，难道可以同他一起侍奉国君吗？他没有得到官职时，担心得不到；已经得到了，又惟恐失掉。如果担心失去，那就什么手段都会施出来了。"

|| 第十六章 ||

子曰："古者民有三疾，今也或是之亡也①。古之狂也肆，今之狂也荡；古之矜也廉②，今之矜也忿戾③；古之愚也直，今之愚也诈而已矣。"

❶亡：同"无"。❷廉：本义是器物的棱角。这里引申为不可触犯，碰不得，惹不得。❸忿戾（lì）：凶恶好争，蛮横无理。

【译文】

孔子说："古代的人有三种毛病，现在的人或许是没有这些毛病了。古代的狂人心高志大，不拘小节，现在的狂人却是一味放荡，肆无忌惮；古代自尊自大的人，棱角太露，难以接近，现在自尊自大的人，却是乖戾多怒，蛮横胡闹、无理取闹；古代的愚人天真直率，现在的愚人却是惯于欺诈。"

第十七章

子曰:"巧言令色,鲜矣仁①。"

---

❶ 此章已见《学而》篇第三章,可参看。

【译文】

孔子说:"花言巧语,仪容伪善的人是很少有仁德的。"

第十八章

子曰:"恶紫之夺朱也①,恶郑声之乱雅乐也②,恶利口之覆邦家者。"

---

❶ 恶紫:古人认为紫色是杂色,红色是正色。❷ 郑声:郑国的乐曲。雅乐:周朝京城正统的乐曲。

【译文】

孔子说:"(我)憎恶紫色抢夺红色的地位,憎恶郑国的音乐扰乱了典雅正统的京城音乐,憎恶巧言诡辩而使国家倾覆败亡的人。"

第十九章

子曰:"予欲无言。"子贡曰:"子如不言,则小子何述焉?"子曰:"天何言哉?四时行焉,百物生焉,天何言哉①？"

❶ 本章之旨，似在告诫学生不能只重言不重行。

【译文】

孔子说："我想不再说什么了。"子贡说："您如果不说了，那我们这些学生还记述什么呢？"孔子说："天说过什么话了吗？四季照常运行，万物依然生长，天说过什么话了吗？"

|| 第二十章 ||

孺悲欲见孔子①，孔子辞以疾。将命者出户，取瑟而歌，使之闻之②。

❶ 孺悲：鲁国人，《礼记》上说，他曾从孔子学过士丧礼。
❷ 使之闻之：孔子让孺悲知道自己是故意不见他，是想要他反省有没有不好的地方，努力去改正。

【译文】

孺悲想见孔子，孔子推说有病而不见。传话的人一出门，孔子就拿过瑟来边弹边唱，（故意）让孺悲听到（使他知道不见的原因）。（孺悲未经人引荐直接登门拜访，不符合士相见礼。）

|| 第二十一章 ||

宰我问："三年之丧，期已久矣。君子三年不为礼，礼

必坏；三年不为乐，乐必崩。旧谷既没，新谷既升，钻燧改火①，期可已矣。"子曰："食夫稻，衣夫锦②，于女安乎？"曰："安。""女安，则为之！夫君子之居丧，食旨不甘，闻乐不乐，居处不安③，故不为也。今女安，则为之！"宰我出，子曰："予之不仁也！子生三年，然后免于父母之怀。夫三年之丧，天下之通丧也。予也有三年之爱于其父母乎？"

---

❶ 钻燧改火：古人钻木取火，所用之木四季不同。春用榆柳，夏用枣杏，季夏（夏季最后一月）用桑柘，秋用柞楢，冬用槐檀。❷ 食夫稻，衣夫锦：古代水稻的种植面积很小，大米是很珍贵的粮食，居丧者更不宜食；锦，有文采之帛，居丧者不穿，只穿单色布衣。❸ 居处不安：古代孝子守丧，要住在临时用草料木料搭的棚子里，睡在草席上，用土块做枕头。

【译文】

宰我问道："（为父母）守丧三年，时间太长了。君子要是三年不行礼仪，礼仪必遭毁坏；要是三年不奏音乐，音乐必定会荒废。旧谷已经吃完，新谷又已经长出来，取火用的燧木也已随四季更换了一遍，（所以）守丧一年也就够了。"孔子说："（守丧不到三年就）吃白米，穿绸衣，对你来说心安吗？"（宰我）说："心安。"（孔子说）"你心安，你就那么干吧！君子守丧，内心悲哀，吃着美味不觉香甜，听见音乐不觉快乐，住在家里不觉安适，所以不会那么干的。你觉得心安，你就那么干吧！"宰我退出，孔子说："宰我真不仁啊！孩子出生后三年，才离得开父母的怀抱。三年的丧期，是天下通行的丧期。宰我难道没有从他父母怀抱里得到过三年的爱抚吗？"

第二十二章

子曰:"饱食终日,无所用心,难矣哉!不有博弈者乎①?为之,犹贤乎已。"

❶ 博弈(yì):古代一种先掷骰子再走棋的下棋方法。

【译文】

孔子说:"整天吃得饱饱的,一点儿心思都不用,这种人难有作为啊!不是有下棋的游戏吗?玩玩这个,也总比什么心思都不用好。"

第二十三章

子路曰:"君子尚勇乎?"子曰:"君子义以为上。君子有勇而无义为乱,小人有勇而无义为盗。"

【译文】

子路问:"君子崇尚勇敢吗?"孔子说:"君子把义看作是最高的。君子有勇而没有义,就会犯上作乱;小人有勇而没有义,就会偷窃抢劫。"

第二十四章

子贡曰:"君子亦有恶乎?"子曰:"有恶。恶称人之恶者,恶居下流而讪上者①,恶勇而无礼者,恶果敢而窒者。"

曰:"赐也亦有恶乎?""恶徼以为知者,恶不孙以为勇者^②,恶讦以为直者^③。"

---

❶下流:旧本无"流"字,是衍文。❷孙:同"逊",谦逊。
❸讦(jié):攻击别人的短处,揭发别人的隐私。

【译文】

子贡问:"君子也有憎恶的人吗?"孔子说:"有憎恶的人。君子憎恶传扬别人缺点的人,憎恶身居下位却诽谤上级的人,憎恶只讲勇敢不讲礼节的人,憎恶只求果敢而不通事理的人。"(孔子反问子贡)说:"赐呀,你也有憎恶的人吗?"(子贡答道)"我憎恶抄袭别人东西还自以为聪明的人,憎恶不谦逊还自以为勇敢的人,憎恶揭发别人隐私还自以为正直的人。"

‖ 第二十五章 ‖

子曰:"唯女子与小人为难养也^①。近之则不孙,远之则怨。"

---

❶女子:女,借用为"奴";奴子,即奴婢。

【译文】

孔子说:"只有女子和小人是最难相处的。亲近他们,他们就会放肆无礼;疏远他们,他们又会抱怨怀恨。"

|| 第二十六章 ||

子曰:"年四十而见恶焉①,其终也已。"

❶见恶:被别人所厌恶,所讨厌。见,助词,表示被动。

【译文】

孔子说:"到了四十岁还遭人厌恶,他这一辈子大约就完了。"

微子篇第十八

‖第一章‖

微子去之①，箕子为之奴②，比干谏而死③。孔子曰："殷有三仁焉！"

---

❶微子：名启，纣王的哥哥。❷箕子：纣王的叔父。他进谏纣王，纣王不听。于是披发佯狂，后被纣王降为奴隶。❸比干：纣王叔父，曾多次力谏纣王，纣王恼羞成怒，将比干剖心杀害。

【译文】

（纣王无道）微子离他而去，箕子被降为他的奴隶，比干由于竭力进谏而惨死。孔子说："殷朝有三位仁人啊！"

‖第二章‖

柳下惠为士师①，三黜②。人曰："子未可以去乎③？"曰："直道而事人，焉往而不三黜？枉道而事人，何必去父母之邦④？"

---

❶士师：古代掌管司法刑狱的官员。❷三黜（chù）：多次被罢免。"三"，表示多次，不一定只有三次。❸去：离开。❹父母之邦：父母所在之国，即本国，祖国。

【译文】

柳下惠担任（鲁国的）法官，多次被罢官。有人对他说："您不能离开鲁国吗？"柳下惠说："坚持按正道侍奉君主，到哪里能不遭到多次罢官？如果不按正道侍奉君主，那又何必离开祖国？"

|| 第三章 ||

齐景公待孔子曰①："若季氏，则吾不能；以季、孟之间待之②。"曰："吾老矣，不能用也。"孔子行。

---

❶ 齐景公：齐国国君。这里的"待孔子"，具体似指赋予孔子职权。❷ 季、孟之间：季，即季孙氏，鲁国大夫，位在上卿，权力很大。孟，即孟孙氏，鲁国大夫，位在下卿。

【译文】

齐景公谈打算怎样对待孔子时说："像鲁君对待季氏那样对待他，我做不到；我想用介于季氏和孟氏之间的礼遇对待他。"后来又说："我老了，不能用他了。"孔子于是离开了齐国。

|| 第四章 ||

齐人归女乐，季桓子受之①，三日不朝，孔子行。

---

❶ 季桓子：鲁国宰相季孙斯，是当时鲁国实际执掌国政的人。

【译文】

齐国送给鲁国一批歌姬舞女,季桓子接受了,连续多天不上朝问政,孔子于是离开了鲁国。

第五章

楚狂接舆歌而过孔子曰:"凤兮凤兮!何德之衰①?往者不可谏,来者犹可追。已而,已而,今之从政者殆而。"孔子下,欲与之言。趋而辟之,不得与之言。

❶ 古代传说,天下太平时凤凰就出现,天下混乱时凤凰就隐去。此处以凤凰喻孔子,批评孔子在天下混乱时隐居是德性差。

【译文】

楚国的狂人接舆唱着歌从孔子车旁经过,他唱道:"凤凰呀!凤凰呀!你的德行为什么这样衰微?过去的已无法挽回,将来的还来得及改变。算了吧,算了吧,如今从政的人物都很危险啊!(怎么能同他们在一起?)"孔子下车,想同他说话。那人加快步子避开了,孔子终于没能同他说上话。

第六章

长沮、桀溺耦而耕①,孔子过之,使子路问津焉。长沮曰:"夫执舆者为谁?"子路曰:"为孔丘。"曰:"是鲁孔丘与?"曰:"是也。"曰:"是知津矣。"问于桀溺。桀溺曰:

"子为谁?"曰:"为仲由。"曰:"是鲁孔丘之徒与?"对曰:"然。"曰:"滔滔者天下皆是也,而谁以易之?且而与其从辟人之士也,岂若从辟世之士哉?"耰而不辍②。子路行以告。夫子怃然曰:"鸟兽不可与同群,吾非斯人之徒与而谁与?天下有道,丘不与易也。"

❶长沮、桀溺:姓名身世不详,大约是两个隐士。耦(ǒu):两个人在一起耕地。❷耰(yōu):种子播下后,用土覆盖。

【译文】

长沮、桀溺合耕田地,孔子路过那里,叫子路去问渡口在哪里。长沮问:"那个手执缰绳驾车的人是谁?"子路说:"是孔丘。"长沮问:"是鲁国的孔丘吗?"子路说:"是的。"长沮便说:"他是知道渡口在哪儿的。"子路又问桀溺。桀溺说:"你是谁?"子路说:"我是仲由。"桀溺又问:"是鲁国孔丘的门徒吗?"子路回答说:"是的。"桀溺便说:"天下大乱就像这滔滔的洪水泛滥一样,你们同谁去改变它呢?再说,你与其跟随躲避无道的君主的人,哪比得上跟随躲避乱世的人呢?"一面说,一面不停地耙土播种。子路回来把这些告诉孔子。孔子怅惘地说:"我们是无法和鸟兽同群的,(既然这样)不和天下的人同群,还能和谁同群呢?如果天下有道,我孔丘也就不必同你们一起去改变它了。"

|| 第七章 ||

子路从而后,遇丈人,以杖荷蓧。子路问曰:"子见夫子乎?"丈人曰:"四体不勤,五谷不分,孰为夫子?"植其

杖而芸。子路拱而立。止子路宿，杀鸡为黍而食之，见其二子焉。明日，子路行以告。子曰："隐者也。"使子路反见之。至则行矣。子路曰："不仕无义。长幼之节，不可废也；君臣之义如之何其废之？欲洁其身而乱大伦①。君子之仕也，行其义也。道之不行，已知之矣。"

❶ 子路认为，自己对隐者恭敬有礼，隐者便款待自己，并让儿子出来相见，这说明隐者没有废弃"长幼之节"，但隐者不出仕，却是放弃了臣对君的应尽之责，因而废弃了"君臣之义"。

【译文】

子路跟着孔子出游，落在了后面，遇见一位老人用木杖挑着锄草的农具。子路问道："您看见我的老师没有？"老人说："（你这个人呀）四肢不劳动，五谷分不清，谁知道哪个是你的老师？"说完，将木杖插在地上锄草去了。子路拱着手（恭敬地）站立在一旁。（老人见子路懂礼貌，便）留子路过夜，杀了鸡，煮了黄米饭款待子路，又叫两个儿子出来相见。第二天，子路上路，（赶上孔子后）把这件事告诉了孔子。孔子说："这是一位隐士。"叫子路返回去见他。子路到了那里，老人已经出门了。子路说："不出去做官是不符合义的。长幼之间的礼节，不能废弃；君臣之间的正常关系，又怎么能废弃呢？想洁身自好（而隐居不仕），却破坏了（君臣之间）重大的伦理关系。君子出来做官，是实践君臣大义。至于我们的政治主张实现不了，那是早就知道的了。"

第八章

逸民：伯夷、叔齐、虞仲、夷逸、朱张、柳下惠、少连①。子曰："不降其志，不辱其身，伯夷、叔齐与！"谓："柳下惠、少连，降志辱身矣，言中伦，行中虑，其斯而已矣。"谓："虞仲、夷逸，隐居放言，身中清，废中权。我则异于是，无可无不可②。"

❶虞仲、夷逸、朱张、少连：四人身世不详。❷无可无不可：孟子曾说孔子："可以速而速，可以久而久，可以处而处，可以仕而仕。"（《孟子·万章下》可以看作是"无可无不可"的注脚。）

【译文】

自古隐逸之士有：伯夷、叔齐、虞仲、夷逸、朱张、柳下惠、少连。孔子说："不降低自己的心志，不辱没自己的身份，恐怕是伯夷、叔齐吧！"又说："柳下惠、少连，是降低了心志，辱没了身份了，但他们言论符合法度，行为合乎理智，他们也就是这样罢了。"又说："虞仲、夷逸隐居不仕，放肆直言，持身谨守清廉，弃官符合权宜之计。我却与这些人不同，没有什么可以，也没有什么不可以。"

第九章

大师挚适齐①，亚饭干适楚②，三饭缭适蔡，四饭缺适秦；鼓方叔入于河，播鼗武入于汉③；少师阳④、击磬襄，入于海。

❶**大师挚**：大师，乐官中的领班，"挚"是人名。❷**亚饭**：古代天子、诸侯吃饭时要奏乐，第二次吃饭时奏乐的乐师叫亚饭乐师。第三次、第四次吃饭时奏乐的乐师，分别为三饭乐师、四饭乐师。"干"和下文的"缭""缺"都是人名。❸**鼗**（táo）：一种小鼓，鼓有两耳，系有小槌，摇动时带动小槌击鼓发声，类似后代的拨浪鼓。"武"是人名。❹**少师阳**：少师，副乐官，"阳"是人名。磬，古代一种乐器，用石或玉雕成，悬挂于架上，以物击之而发声。"襄"是人名。本章记鲁哀公时，鲁国乐师纷纷离开鲁国流散四方，反映了当时礼坏乐崩的情况。

【译文】

大师挚到齐国去了，亚饭乐师干到楚国去了，三饭乐师缭到蔡国去了，四饭乐师缺到秦国去了；击鼓的方叔到黄河地区了，摇鼗鼓的武到汉水沿岸去了，少师阳和击磬的乐师襄到海滨去了。

|| 第十章 ||

周公谓鲁公曰①："君子不施其亲②，不使大臣怨乎不以；故旧无大故，则不弃也；无求备于一人。"

❶**周公**：指周公旦。**鲁公**：指周公旦的儿子伯禽。本章所记是周公对鲁公的训诫。❷**施**：同"弛"，松弛。此指疏远、怠慢。

【译文】

周公对鲁公说："君子不疏远自己的亲族，不使大臣抱怨不被任用；老臣旧友没有大过失，就不要抛弃他们；不要对一个人求全责备。"

第十一章

周有八士：伯达、伯适、仲突、仲忽、叔夜、叔夏、季随、季骊①。

---

❶ 旧说这八人是一母所生的四对双生子。一家之中便出了八个名士，可见当时人才之盛。

【译文】

周代有八个（著名的）士人：伯达、伯适、仲突、仲忽、叔夜、叔夏、季随、季骊。

子张篇第十九

|| 第一章 ||

子张曰:"士见危致命①,见得思义②,祭思敬,丧思哀,其可已矣。"

---

❶ 致命:授命,舍弃生命。❷ 思:反省,考虑。

【译文】

子张说:"一个士人,遇见危难能献出生命,遇到有所得能考虑是否合于义,祭祀时想到要虔诚恭敬,居丧时想到要哀痛悲戚,那就可以了。"

|| 第二章 ||

子张曰:"执德不弘,信道不笃,焉能为有?焉能为亡①?"

---

❶ "焉能"两句:这两句是说这种人的德与道虽有若无。

【译文】

子张说:"拥有道德但不能弘扬光大,信仰道义但不能忠诚执着,这种人有他不为多,没他不为少。"

第三章

子夏之门人问交于子张。子张曰:"子夏云何?"对曰:"子夏曰:'可者与之,其不可者拒之。'"子张曰:"异乎吾所闻:君子尊贤而容众,嘉善而矜不能①。我之大贤与,于人何所不容?我之不贤与,人将拒我,如之何其拒人也?"

---

❶ 矜:怜悯,怜恤,同情。

【译文】

子夏的门人向子张询问应该怎样交朋友。子张先问他:"子夏怎么说?"那位学生回答道:"子夏说,'可以交朋友的,就同他交往,不可以交朋友的,就拒绝同他交往。'"子张说:"这同我听说的道理不一样:君子尊敬贤人,同时容得下一般的人;称赞有德才的人,同时也同情没有能力的人。如果我自己是个很好的人,那么同谁不能相容相处呢?如果我是个不好的人,别人就会拒绝同我交往,那我怎么可能去拒绝别人呢?"

第四章

子夏曰:"虽小道,必有可观者焉;致远恐泥①,是以君子不为也。"

---

❶ 泥(nì):留滞,拘泥。

【译文】

子夏说:"即使是小技艺,也一定有可取之处,但要想靠它去达到远大的目标,怕是行不通,所以君子不搞那些小技艺。"

第五章

子夏曰:"日知其所亡①,月无忘其所能,可谓好学也已矣。"

❶亡:同"无"。这里指自己所没有的知识、技能,所不懂的道理等。

【译文】

子夏说:"每天学到自己所没有的知识,每月不忘自己已掌握的知识,这样就可以说是好学了。"

第六章

子夏曰:"博学而笃志,切问而近思,仁在其中矣。"

【译文】

子夏说:"广泛学习,坚定志向,恳切地提出疑问,联系当前情况思考,仁德就在这中间了。"

第七章

子夏曰:"百工居肆以成其事①,君子学以致其道。"

❶ 肆:指作坊,即古代制造物品的场所。

【译文】

子夏说:"各类工匠在作坊里完成他们的工作,君子通过学习来掌握他所追求的道理。"

第八章

子夏曰:"小人之过也必文。"

【译文】

子夏说:"小人对自己的过失,必定会加以掩饰。"

第九章

子夏曰:"君子有三变:望之俨然,即之也温,听其言也厉。"

【译文】

子夏说:"君子给人有三种不同的印象:远看他,端庄严肃的样子;接触他,又觉得他温和;听他说话,却又十分严正。"

第十章

子夏曰:"君子信而后劳其民①;未信,则以为厉己也②。信而后谏;未信,则以为谤己也。"

---

❶ 劳:指役使,让百姓去服劳役。❷ 厉:虐待,折磨,坑害。

【译文】

子夏说:"君子先要取得百姓信任,然后才能役使百姓;如果还未取得信任(就役使他们),百姓就会认为是在虐待他们。君子先要取得国君信任,然后才能进谏;如果还没取得信任就去进谏,国君就会认为是在毁谤他。"

第十一章

子夏曰:"大德不逾闲①,小德出入可也。"

---

❶ 闲:本义是阑,栅栏。引申为限制,界限,法度。

【译文】

子夏说:"人在大的节操上不能超越一定界限,小节上有点儿出入是可以的。"

第十二章

子游曰:"子夏之门人小子,当洒扫应对进退,则可矣,抑末也。本之则无，如之何？"子夏闻之，曰："噫！言游过矣！君子之道，孰先传焉？孰后倦焉①？譬诸草木，区以别矣。君子之道，焉可诬也？有始有卒者，其惟圣人乎！"

❶ 倦：一说，是"传"字之误。

【译文】

子游说："子夏的学生，让他们做些洒水扫地、陪客说话、迎送尊长等事情还可以，不过，这些只是细枝末节的小事。至于礼乐之道这些根本的东西，他们却没有学到，这怎么行呢？"子夏听了这话，说道："唉！子游错了！君子的道，哪些先传授，哪些后传授，就好比草木一样，应当区别种类对待。君子的道，哪能（不根据情况）乱传授呢？至于从头至尾完全学通的，大概只有圣人吧！"

|| 第十三章 ||

子夏曰："仕而优则学①，学而优则仕。"

❶ 优：知足，富裕。此指有余力。

【译文】

子夏说："做官的，有余力就去学习；学习的，有余力就去做官。"

|| 第十四章 ||

子游曰："丧致乎哀而止。"

【译文】

子游说:"服丧时,能充分表现出哀伤之情就行了。"

‖第十五章‖

子游曰:"吾友张也为难能也①,然而未仁。"

❶ 张:即颛孙师,字子张。朱熹说:"子张行过高,而少诚实恻怛之意。"才高意广,人所难能,而心驰于外,不能全其心德,未得为仁。

【译文】

子游说:"我的朋友子张呀,算是难能可贵的了,不过还没有达到仁。"

‖第十六章‖

曾子曰:"堂堂乎张也①,难与并为仁矣。"

❶ 堂堂:形容仪表壮伟,气派十足。据说子张外有余而内不足,他的为人重在"言语形貌",不重在"正心诚意",故人不能助他为仁,他也不能助人为仁。

【译文】

曾子说:"子张呀,气概不凡,别人难以同他一起做到仁。"

第十七章

曾子曰:"吾闻诸夫子,人未有自致者也①,必也亲丧乎!"

---

❶ 致:尽致,指人的感情全都表露出来。

【译文】

曾子说:"我在老师那里听说过,人一般不会让感情任意宣泄,(要说有)一定是在父母去世的时候吧!"

第十八章

曾子曰:"吾闻诸夫子:孟庄子之孝也①,其他可能也,其不改父之臣与父之政,是难能也。"

---

❶ 孟庄子:鲁国大夫,名速。

【译文】

曾子说:"我在老师那里听说过:孟庄子的孝行,其他方面别人也能够做到,而他不改换父亲的旧臣僚属和政治措施,这是别人难做到的。"

第十九章

孟氏使阳肤为士师①。问于曾子。曾子曰:"上失其道,民散久矣。如得其情，则哀矜而勿喜！"

❶阳肤：旧注说他是曾子弟子。

【译文】

孟氏让阳肤担任法官，阳肤向曾子请教应该怎么去做。曾子说："在上位的人背离正道，民心离散已经很久了。你如果审出了犯罪的实情，就该同情怜悯他们，不要自以为明察而沾沾自喜！"

‖第二十章‖

子贡曰："纣之不善，不如是之甚也①。是以君子恶居下流②，天下之恶皆归焉③。"

❶是：代词。指人们传说的那样。❷恶（wù）：讨厌，憎恨，憎恶。❸恶（è）：坏事，罪恶。子贡说这番话的意思，当然不是为纣王去辩解开脱，而是要提醒世人应当经常自我警戒反省，在台上的时候律己要严。否则一旦失势，置身"下流"，天下的"恶名"将集于一身而遗臭万年。

【译文】

子贡说："纣王的恶行，不像传说中的那么厉害。所以君子最讨厌身有污行，（一旦如此）天下的坏事都算到他头上了。"

‖第二十一章‖

子贡曰："君子之过也，如日月之食焉①：过也，人皆见之；更也，人皆仰之。"

❶ 食：同"蚀"。

【译文】

子贡说："君子的错误，就像日食月蚀一样：有了过错，人人都看得见；改了过错，人人都景仰他。"

第二十二章

卫公孙朝问于子贡曰①："仲尼焉学？"子贡曰："文武之道，未坠于地，在人。贤者识其大者，不贤者识其小者，莫不有文武之道焉。夫子焉不学？而亦何常师之有？"

❶ 公孙朝：卫国大夫。

【译文】

卫国的公孙朝问子贡："仲尼是从哪里学到学问的？"子贡说："文王、武王之道，没有散佚，还在人间流传。贤人记得其中的大道理，不贤的人记得其中的小道理，但都有文武之道在里面。我的老师哪里不学？又哪有什么固定的老师呢？"

第二十三章

叔孙武叔语大夫于朝曰①："子贡贤于仲尼。"子服景伯以告子贡②。子贡曰："譬之宫墙，赐之墙也及肩，窥见室家之好。夫子之墙数仞③，不得其门而入，不见宗庙之美，百官之富④。得其门者或寡矣。夫子之云，不亦宜乎！"

❶ 叔孙武叔：鲁国大夫，名州仇。❷ 子服景伯：鲁国大夫。❸ 仞（rèn）：古代长度单位，七尺为仞。❹ 官：房舍。

【译文】

叔孙武叔在朝廷上对大夫们说："子贡贤能胜过他的老师仲尼。"子服景伯把这话告诉了子贡。子贡说："可以拿围墙来打个比方：我的围墙（高度）只到肩膀，（站在墙外就能）窥见里面房舍的美好。而我的老师的围墙却有好几丈高，如果找不到门进去，就看不到里面像宗庙一样雄伟壮美的各式各样的房屋。能找到门的人也许是太少了。那位先生那么说，不也是正常的吗！"

第二十四章

叔孙武叔毁仲尼。子贡曰："无以为也！仲尼不可毁也。他人之贤者，丘陵也，犹可逾也；仲尼，日月也，无得而逾焉。人虽欲自绝①，其何伤于日月乎？多见其不知量也②。"

❶ 自绝：自行断绝跟对方之间的关系。❷ 多：只是，徒然。

【译文】

叔孙武叔诋毁仲尼。子贡说："这样做是没有用的！仲尼是不可以诋毁的。别人的贤德，好比是丘陵，还是能超越的；仲尼（的贤德），好比是日月，是无法超越的。一个人即使想自绝于日月，但对日月来说，又有什么损伤呢？只不过显出这个人毫不自量罢了。"

第二十五章

陈子禽谓子贡曰:"子为恭也,仲尼岂贤于子乎?"子贡曰:"君子一言以为知,一言以为不知,言不可不慎也。夫子之不可及也,犹天之不可阶而升也。夫子之得邦家者,所谓立之斯立,道之斯行,绥之斯来①,动之斯和。其生也荣,其死也哀。如之何其可及也?"

---

❶ 绥:安抚。

【译文】

陈子禽对子贡说:"您(对仲尼)表现出恭敬,仲尼难道真的比您强吗?"子贡说:"君子说一句话就可以显出他的聪明,同样说一句话也可以表现出他的无知,所以说话不可不慎重啊。我的老师是无法赶得上的,就像青天无法架了梯子登上去一样。老师如果做了诸侯或大夫,那真可说是要百姓立于礼,百姓就会立于礼,引导百姓,百姓就会跟他走,安抚百姓,百姓就会来投奔,动员百姓,百姓就会万众响应。老师在世时荣满天下,去世后备受哀悼,(这样的老师)我怎么能赶得上他呢?"

尧曰篇第二十

|| 第一章 ||

尧曰:"咨!尔舜!天之历数在尔躬,允执其中。四海困穷,天禄永终。"

舜亦以命禹。

曰:"予小子履敢用玄牡①,敢昭告于皇皇后帝:有罪不敢赦。帝臣不蔽②,简在帝心。朕躬有罪③,无以万方;万方有罪,罪在朕躬。"

周有大赉④,善人是富。"虽有周亲,不如仁人。百姓有过,在予一人。"

"谨权量,审法度,修废官,四方之政行焉。兴灭国,继绝世,举逸民,天下之民归心焉。"

"所重:民,食,丧,祭。"

"宽则得众,信则民任焉,敏则有功,公则说⑤。"

---

❶ 小子履:汤对天祷告时的自称。汤,商朝开国君主,名履。❷ 帝臣:天下的一切贤人都是天帝之臣。❸ 朕:我。古人不论地位尊卑都自称朕。从秦始皇始,才成为帝王专用的至尊的自称。❹ 大赉(lài):大发赏赐,奖赏百官,分封土地。❺ 说:同"悦",高兴。

【译文】

尧(对舜)说:"啧啧!你这个舜啊!依上天安排,帝位就要由你继承，你要真诚地坚持正确的治国方略。如果天下陷入穷困，上天赐给你的禄位也就永远地终结了。"

舜（在让位给禹时）也这样告诫禹。

（汤在向天祈祷时）说："我小子履大胆虔诚地用黑色公牛作祭品，冒昧地向光明而伟大的天帝祷告：对于有罪之人，我不敢擅自赦免。您的臣子的罪过，我不敢隐瞒遮蔽，一切您心里都明白。如果我自身有罪，请不要加罪于天下万方；倘若天下万方有罪，罪责就由我一人承担。"

周朝恩赐天下，善人因此富贵起来。（周武王说）"即使有至亲近戚，也不如有仁德之人。如果百姓有过错，责任在我一人。"

孔子说："慎重确立度量衡，审查法度，重修官制，全国的政令就能畅行无阻。复兴已灭亡了的国家，接续断绝了的世族，起用隐居的贤士，天下的百姓就诚服了。"

"当权者所要重视的是：百姓、粮食、丧礼、祭礼。"

"宽厚就能得到众人拥护，诚信就能得到百姓的信任，勤敏就能取得成功，公正就能使百姓高兴。"

第二章

子张问于孔子曰："何如斯可以从政矣？"子曰："尊五美，屏四恶①，斯可以从政矣。"子张曰："何谓五美？"子曰："君子惠而不费，劳而不怨，欲而不贪，泰而不骄，威而不猛。"子张曰："何谓惠而不费？"子曰："因民之所利而利之，斯不亦惠而不费乎？择可劳而劳之，又谁怨？欲仁而得仁，又焉贪？君子无众寡，无小大，无敢慢，斯不亦泰而不骄乎？君子正其衣冠，尊其瞻视，俨然人望而畏之，斯不亦威而不猛乎？"子张曰："何谓四恶？"子曰："不教而杀谓之虐；不戒视成谓之暴；慢令致期谓之贼；犹之与人也，出纳之吝谓之有司②。"

---

❶ 屏：同"摒"，除去，排除，摒弃。❷ 有司：古代专管某类具体事务的低级官吏。这里指专管财务的小吏。管财务的小吏，财物出手很吝啬，此处是在这一特点上运用"有司"一词。

【译文】

子张问孔子："怎样才可以治理政事？"孔子说："尊崇五种美德，摒除四种恶政，这就可以治理政事了。"子张问："什么叫五种美德？"孔子说："君子给人恩惠，自己却不耗费；让百姓劳作，百姓却不怨恨；有欲望却不贪婪；神情舒泰却不傲慢；态度威严却不凶猛。"子张问："什么叫给人恩惠却不耗费？"孔子说："百姓能得到好处的事，引导他们去做，让他们得到好处，这不就是既给恩惠又不耗费吗？选择（不误农活）百姓可以出来做事的时间，叫百姓来（为公家）做事，谁又会怨恨呢？自己追求仁德便得到了仁德，还贪求什么呢？君子不论人多人少，权势是大是小，都不敢怠慢，不也就是舒泰而不傲慢吗？君子衣冠端正整齐，目光尊严，仪态庄重，使人望而生畏，这不就是威严而不凶猛吗？"子张问："什么叫四种恶政？"孔子说："事先不进行教化，（一旦犯法）就加以杀戮，这叫'虐'；事先不告诫，而只看成绩，这叫'暴'；开头松懈，后来突然限期完成，这叫'贼'；同样是给予人的，出手之际十分吝惜，这叫'有司'。"

第三章

孔子曰:"不知命①,无以为君子也;不知礼,无以立也;不知言,无以知人也。"

❶命:命运,天命。

【译文】

孔子说:"不知天命,无法成为君子;不懂礼节,无法立足于社会;不能分辨别人的言论,无法了解别人。"